「中国史」が亡びるとき

——地域史から医療史へ——

飯島　渉 著

研　文　出　版

「中国史」が亡びるとき

――地域史から医療史へ――

目次

「中国史」が亡びるとき

――地域史から医療史へ――

はじめに

本書は、私がこれまで公表してきた文章の中から、学術論文というよりは、その時々に感じたことを書いたものを、

Ⅰ　地域史の課題―中国・東アジアの歴史研究
Ⅱ　医療史の課題―感染症の歴史学
Ⅲ　歴史学の授業

という三つの範疇にまとめたものである。明白な誤りなどを除き、文章は基本的に発表時のものとし、付記として、発表当時の状況を振り返りながら、感じることを書き加えた。また、いくつかの文章は、本書の刊行のために書き下ろした。しかし、私にとっては全く新しいものというよりは、研究のためのノートや読書ノートの片隅に書き溜めておいた文章を整理したものである。

パソコン全盛の時代になって、私も文章はパソコンでないと書けなくなった。しかし、しばらく前からノートを意図的にとるようにした。その理由は、読んだ本やそれへの印象を自分の手で記録して

おきたいということ、それから、それなりの歳となったので、将来を見据えて、学会や研究会などに参加した時の記録をわざと取ることによって、なんというか、耄碌しないようにしたいと考えたことがある。

私の現在の専門は、「感染症の歴史学」であり、地域性にはこだわらずに、ディシプリンとしての医療社会史を強く意識し、出発点となった中国研究から距離をとるようになっている。「本籍中国史、現住所不定」である。なんらかの必要があって専門領域や手法を示す必要に迫られたときには、そう書くように心がけている。

「中国史が滅びるとき」は、そんな関心の変化を率直に示し、何ものかに決別するために書いたものである。その時期、「午前中には中国史を存続させたいと思いつつ、午後には亡ぼしてしまいたいと思う」などと授業で喋っていたが、その気持ちはいまでもあまりかわっていない。

大学の教員となってほぼ三〇年が過ぎた。この間、いくつかの単著も公表してきたが、こうした形で、いわばエッセー集を刊行することには躊躇もある。しかし、中国近現代史の研究から医療社会史の研究へと大きく転換した自分の軌跡をこのあたりで振り返っておきたいという気持ちもあり、研文出版からのお誘いに応じることとした。平たく言うと、還暦である。あっという間だった気もするし、いろいろな経験をしながら、とぼとぼと道を歩いてきた感じもある。また、ここしばらくの間に健康に問題があったり、父母を亡くしたりという生活の大きな節目があり、そんなことも、この仕事をしてみる気持ちになった理由である。

まだまだ考えてみたい課題がいくつもあり、まだ行ったことのないところ、再訪したいと思うところも多い。そのためにも、現在の問題関心をまとめておきたいと考え、コロナ禍のなかで、一気に作業を進めた。

本年初めから現在まで、これまでの仕事とのかかわりから、かなり忙しくなった。しかし、家に立て籠もる状況が続く中で、逆に仕事がはかどったこともある。生来貧乏性であって、余裕たっぷりだとかえって仕事が進まないのかもしれない。幸いにして、健康も回復しているので、もうひと仕事しろということかもしれないと思い、この作業を進めた次第である。

なお、収録した文章の表題は修正した場合がある。また、表題の直後に、初出の雑誌などやその時期を明記した。初出の記載のないものは書きおろしである。転載を許可して下さった関係の方々にはあらためて御礼申し上げます。

I

地域史の課題——中国・東アジアの歴史研究

一　「中国史」が亡びるとき

〈初出〉『思想』二〇一一年八月、第一〇四八号、九九～一一九頁、その後、「〝中国史〟消亡之时」／人間文化研究機構『日本当代中国研究』二〇一二、に翻訳掲載

はじめに

二〇一〇年には多くの印象的な事件がおこった。尖閣諸島沖での日本の巡視船への中国漁船の衝突事件は忘れられない。この事件をきっかけに日中関係は緊張し、漁船が巡視船に衝突する様子を撮影した映像がインターネットに流されると、事件は新たな展開をみせた。ロシアとの関係も緊張した。メドベージェフ大統領が国後島を訪問した時、私は中国の雲南省で調査をしていた。「日本のロシア大使が召還された。戦争になるのか？」という素朴な質問に肝を冷やした。

中国やロシアとのあいだに起った事件はたしかに印象的だったが、ある意味で問題の構図ははっき

りしている。しかし、二〇一〇年には、まだその全体像がはっきりしないものの、将来的には大きな問題となり、また、歴史学という学問にも影響を与えるだろうと感じられる出来事がさまざまな展開をみせた。

二〇一〇年は、本格的な電子書籍が登場した年であった。話題性はあったとはいえ、端末の普及があまり進まなかったことから、電子書籍の本格的な市場拡大は今後のことになりそうである。もっとも、紙媒体の書籍や雑誌の販売額は、二〇一〇年には前年から三％減少し、長期的な落ち込みの傾向には歯止めがかかっていない(1)。注意しておく必要があるのは、電子書籍はグーグルが進めている電子図書館事業ともリンクしていることである。

検索エンジンとして世界を席巻したアメリカのグーグルは、世界規模での書籍のスキャンを通じてのデジタル化、電子図書館の構築（グーグル・ブックス）を強行した。それには書き手の著作権の観点はもとより、知的財産の公開をめぐる公共性のあり方などの観点から、さまざまな批判が寄せられた。この問題は、検索可能な対象をアメリカの著作権登録局に登録した作品とイギリス、カナダ、オーストラリアの英語圏で出版された作品に限定することで一応の決着をみたようである(2)。しかし、この問題の背景には、「知のグローバリゼーション」のもとでの出版や図書館のあり方そのものの変化がある。日本語の書籍が検索対象から外されたことで、問題が終息したわけではない。

グーグルが進めた電子図書館事業に対抗する意味あいもあって、日本の国会図書館は近代デジタルライブラリーにおいて著作権の切れている古い書籍のインターネットを通じての配信を強化した。この事業は、日本語の文化的発信力を高めるしかけとも見ることができる。しかし、この事業自体は、政府が運営する「青空文庫」に他ならないから、文化の重要な担い手である出版事業それ自体を圧迫することになりかねないとの批判もあった(3)。

グーグルをめぐっては、中国から香港への撤退の問題もあった。このことは、中国における言論の自由や政治参加の問題であり、インターネットが中国社会を揺るがす可能性があると同時に、中国が独自の検索ソフトである「百度（Bai du）」の展開を図っているという問題でもある。これは、グーグルの世界展開のもう一つの姿であるグーグル・マップなどとも関係していて、軍事技術の汎用化からスタートしたインターネットやＧＰＳ技術をアメリカのグーグルにゆだねるのか、あるいはそれとは異なるシステムを独自に構築するのかという問題でもある。そして、このことは人工衛星をどのくらい打ち上げなければならないかなどとも関係している。

二〇一〇年には、「ガラパゴス（化）」という言葉がよく使われるようになった。孤立した環境にあったガラパゴス諸島ではゾウガメなどの生物が独自の進化を遂げ、ダーウィンはその観察から進化論の着想を得た。個性的な展開はしたものの国際標準化しなかった日本の携帯電話の揶揄にはじまって、

（1）『毎日新聞』夕刊、二〇一一年一月二五日。
（2）『毎日新聞』朝刊、二〇〇九年一二月一〇日。
（3）『毎日新聞』夕刊、二〇〇九年一一月一六日。

この言葉はいろいろな場面で使われ、閉塞感を強める日本社会を表す言葉として定着した。こうした中で、日本のあるメーカーはそれを逆手にとって電子書籍の端末の名前としてそれを使っている。

史学史の課題を検討し、とくに中国史のあり方や方法を論じようとする小文がいささか唐突な話題から説き起こすにはそれなりの理由がある。敢えて言おう、「日本の中国史はガラパゴス化しているのではないか」と。現在、人文学の領域でも、さまざまな変化が進んでいる。その背景にあるのは、冒頭に紹介したいくつかの事例に象徴されるような、学問という知の技術や営為をとりまく環境の変化、急速なＩＴ化とグローバリゼーションである。その大波の中で、歴史学も大きな影響を受けざるをえない。そして、それはとりわけ「日本の中国史」において顕著なのではないかと私には感じられる。

大国化していく中国とどのように付き合うかは喫緊の課題であるといえよう。そのためには、中国の「行く末」を理解するための知の技術として、「来し方」を明らかにする歴史学は不可欠である。しかし、現実には、「日本の中国史」の発信力は次第に低下し、学問的な対象として中国史を学ぶ学生の数も減少している。正直に言うと、私はここ一〇年ほどのあいだ、伝統的な中国史の世界からは比較的距離のあるテーマを対象として仕事をしてきた。その意味で、私は、「本籍中国史、現住所不定」である。しかし、そうした立場から見ると、状況はいっそう深刻に感じられる。史学史的な論考を集める本誌の特集に寄稿する機会を与えられたことを幸いに、「日本の中国史に内在する危機」について私の感じていることを正直に書きたい。

一　中国史は必要か?

はたして中国史は必要なのだろうか? まず、この問いから始めたい。もし、中国史が必要ないのであれば、目くじらをたててこうした文章を書く必要もないからである。けれども、おそらく中国史の必要性は高まっている。その背景にあるのは、中国の大国化である。

二〇世紀中国の一〇〇年はまさに激動という言葉で表現できる。一九一一年の辛亥革命によって清朝が倒れ、中華民国が生まれたが、その社会は安定性を欠いていた。二〇世紀初期に生まれた国民党と共産党が内戦を繰りひろげ、また、日本との戦争によって社会は疲弊した。この戦争の中から中華人民共和国が生まれたが、急速な社会主義化や文化大革命は再び社会を混乱させた。一九八〇年代、中国は明確に政策を転換し、実態としては社会主義とはおよそ距離のある社会をつくりはじめた。一九八九年の天安門事件以後、普通選挙などに象徴される政治的民主化は遠のいたが、都市と農村の格差などの社会主義化の背景となったさまざまな矛盾を克服するために中国は経済成長路線を選択した。二〇世紀末から二一世紀はじめ、世界経済が成長の速度を落とすなか、中国は高度経済成長を続け、世界の工場となった。

中国のGDP(国内総生産)が日本を抜いて世界第二位になることが話題になったのも二〇一〇年のことであった。二〇一〇年の中国のGDPは、物価変動要因を除いた実質成長率でも一〇%をこえる成長をみせ、前年比一六・七％増の約三九兆八〇〇〇億元（約五一五兆円）に達する勢いを見せた。[4]経済成長にともなう国際社会における政治力の拡大も顕著であり、中国はまさに大国化した。もう一つだけ数字をあげよう。二〇〇九年から一〇年の二年間で中国の政府系金融機関である国家開発銀行と中国輸出入銀行の途上国向け融資は一一〇〇億ドルにのぼり、同時期の世界銀行の融資総額を上回った。中国は、依然として国内に大きな貧困セクターを抱えながらも、同時に、外国への投資によって国際的プレゼンスを高めている。そして、中国はアメリカ国債を大量に購入しており、ヨーロッパの金融危機ではギリシアなどの国債を購入すると表明した。[5]こうした結果、時には、「世界の中に中国があるのではなく、世界と中国が並立している」かのような印象を受けるほどである。

日本にとっての中国のプレゼンスもますます高まっている。二〇〇九年度の数値だが、日中間の貿易額は、日本から中国への輸出が一〇九六億ドル、輸入が一二二五億ドル（日本の輸出入総額に占める中国の割合は二〇％）にのぼり、同年の日本とアメリカの貿易額、輸出九三六億ドル、輸入五九〇億ドル（同、アメリカの割合は一三％）をはるかに凌駕した。[6]この点からだけでも、「中国とどのように付き合うか」は喫緊の課題である。そして、中国の「行く末」を展望するためには自ずと「来し方」を考える必要があるから、中国史は確かに必要なのである。

しかし、中国そのものへの関心は複雑な様相を呈している。背景には、中国への不安感がある。大国化する中国と閉塞感の強い日本を比較し、軍事的なプレゼンスを高める中国に不安を抱き、それが不信感へと発展している。そうした意識は尖閣諸島沖での事件で頂点に達した。同年一〇月に実施された内閣府の世論調査では、中国に「親しみを感じない」と答えた人が七七・八％にのぼり、前年の調査からおよそ二〇ポイントの増加となった。この数字は、一九七八年以降の調査の中で最悪である。世論調査レベルでの日本人の対中感情は一九八〇年代後半までは「親しみを感じる」割合が七〇％前後ときわめて高かった。その後、天安門事件をきっかけに悪化し、二一世紀になると、サッカー大会での中国人の反日的な応援や反日をかかげるデモが行われる中でさらに落ち込んだ。(7)

ここ一〇〇年ほどの時間軸で考えてみても、日清戦争と日中戦争の時期を除けば、日本にとって中国のプレゼンスがこれほど高まった時期はなかったといえよう。その意味では、中国の政治、経済、社会、文化などへの理解の必要性は高まっている。しかし、それは「中国の現在と将来」への関心が高まっているという意味であって、そのためには中国史の理解が欠かせないとのメッセージを歴史学研究は提示できていないと感じる。(8)

(4)『毎日新聞』夕刊、二〇一一年一月二〇日。
(5)『毎日新聞』朝刊、二〇一一年一月二六日。
(6)『毎日新聞』朝刊、二〇一一年一月二六日。
(7)『毎日新聞』朝刊、二〇一〇年一二月一九日。
(8) 本稿では、「中国史」への懐疑を強調しているが、歴史学研究一般に向けられる懐疑が中国史研究にも向けられていることも確認しておく必要がある。その背景には、中国史研究がどちらかといえば歴史と記憶の問題群などに関して鈍感だったことにもよるだろう。この点への明確な批判としては、赤坂憲雄・玉野井麻利子・三砂ちづる編『歴史と記憶——場面・身体・時間』（藤原書店、二〇〇八年）、参照。

学問というある種の制度のなかで、中国史においてもその基礎となるのは需要と供給の関係である。つまり、中国史が求められ、中国史を書く人材が供給され、そして書かれた中国史の作品が価値あるものである必要がある。しかし、実際には、中国への不安と不信の連鎖の中で、各大学の歴史学を専攻する学生のうち、中国史を専攻する学生の数は減少しつつある。中国史は文学部の場合、東洋史に属することが多いが、その東洋史全体でも学生数の減少がみられることはつとに指摘されている。[9]この要因を学生の意識の変化に求めることは分析として間違ってはいないが、ともすれば自己弁護になりかねない。同時に、中国史も変わる必要がある。

中国への理解をたしかなものとするためには歴史的理解が不可欠なことは言うまでもない。その意味で、中国史は必要かという問いへの答えはYESである。しかし、既存の中国史はそうした要請に十分こたえているとは言い難いように思えるのである。[10]

中国史をめぐる状況は困難の度をましているようである。しかし、これには注釈が必要で、「中国史」がすべてそうなのではない。事実、中国では歴史への関心はむしろ高まりを見せている。それは大国化と連動してナショナリズムが強調されていることと無関係ではない。歴史に中華人民共和国の政権としての正統性が求められることも多い。つまり、「中国史」一般が影響力を失っているのではない。現在ある問題とは「日本の中国史に内在する危機」なのである。

二「日本の中国史」とは何か？

それでは「日本の中国史」とはいったいどんな特徴をもっているのだろうか。これは本来、東洋史学成立史論の領域に属する。[11] 本稿に関係の深い部分だけをごく簡単に紹介する。

日本における中国史の研究、つまり日本史ではなく外国史としての中国史を成り立たせた要素は、単純化して言えば、①漢文訓読に象徴される伝統を持つ漢学、②一九世紀末における大学制度の確立と学問としての歴史学の確立の際に導入されたヨーロッパの実証主義史学、③台湾統治からはじまっ

（9）桃木至朗「逆風のなかの東洋史学」、『史学雑誌』一一八―一、二〇〇九年一月号。

（10）こうした中で、近現代史の研究のなかで活性化しているのが外交史であるのは示唆的だと言えよう。現在、これを牽引しているのは、岡本隆司と川島真であり、そのアイデンティティは、坂野正高によって切り開かれた外交史の研究を継承する者がいないという点にあった（岡本隆司・川島真『中国近代外交の胎動』東京大学出版会、二〇〇九年）。しかし、中国の大国化は現実に外交史研究に強い動機づけを与えている。

（11）学問史に関わる最近の論考としては、中見立夫「日本的「東洋学」の形成と構図」（岸本美緒編『「帝国」日本の学知』第三巻「東洋学の磁場」岩波書店、二〇〇六年）、吉澤誠一郎「東洋史学の形成と中国――桑原隲蔵の場合」（同書）、参照。

た周辺地域への植民地主義、であった。東洋史学は、那珂通世（一八五一―一九〇八）の東洋史教科書にさかのぼり（一八九四年）、京都帝国大学の東洋史講座の設立（一九〇七年）、東京帝国大学における支那史学科から東洋史学科への改称（一九一〇年）を基礎に、方法としては、個々人が持っていた漢学や漢文への素養を基礎として、ヨーロッパにおける実証主義史学の方法を導入し、そして、植民地とした地域を重要な研究対象とすることによって成立した。

ここで、日本は外国史研究がきわめてさかんな国であることに思いをはせる必要がある。近代化のモデルとしてのイギリス、フランス、ドイツそしてアメリカを研究する西洋史と漢学を基礎としながら植民地主義の展開とともに発展した東洋史という構図をみてとることは容易である。冷静に考えてみれば、「日本の中国史」が危機だというのはそれだけ中国史が豊富に存在してきたからであって、それはどこにでもあるという状況ではない。実際には中国史研究自体がほとんどないというところの方が多数派であろう。

外国史研究としての中国史が成り立っているのは、日本を除けば、アメリカ、イギリス、フランス、ドイツ、韓国、シンガポールぐらいか。このうち、シンガポールは華人が多数を占める国家だから同列には扱いにくい。つまり、植民地主義の歴史を持つイギリス、フランス、ドイツとアメリカ、そして中国と歴史的な関係の深かった日本と韓国において外国史研究としての中国史が存在してきた。そして、歴史的な関係の深さと植民地主義によって、「日本の中国史」は大きな成果を残した。東洋史学科をつくり学問としての制度化の基準をつくった東京帝国大学の東洋史と、漢学を基礎としながらシナ学的な伝統をつくった京都帝国大学の東洋史は(12)、その個性において違いはあったが、その背景に先に指摘した漢学、実証主義史学、植民地主義があったことは共通している。

第二次大戦の敗戦によって植民地を喪失し(敗戦と植民地の喪失が同時進行したことが日本社会の歴史意識のバイアスの要因であることは近年つとに指摘されている)、この構造は大きく変化した。また、漢学の素養も世代交代によって失われていった。しかし、「日本の中国史」はそうした中でも、歴史学や東洋史学のなかで大きな位置を占めることになった。それほど漢学、実証主義史学、植民地主義によってつちかわれた遺産は大きかったのである。満鉄が資金と人材を供給し、そして、資料も提供したこと、戦後の中国研究のかなりの部分がそうした人材によって担われたことなどはその象徴であろう(13)。その過程では、同時に戦争や植民地主義をめぐる歴史学の責任も議論された(14)。

(12)　礪波護・藤井譲治編『京大東洋学の百年』京都大学学術出版会、二〇〇二年。
(13)　岸本美緒「中国中間団体論の系譜」(同編『「帝国」日本の学知』第三巻「東洋学の磁場」岩波書店、二〇〇六年)は、そうした研究成果の一つである、戦前の社会調査の対象となった宗族・村落・ギルドなどの国家と個人のあいだに位置する集団の研究の系譜を詳細に明らかにしたものだが、史学史的にみた場合、戦後の研究が意図するとしないとを問わず、こうした成果から大きな影響をうけざるをえなかったことも示唆している。
(14)　旗田巍「近代日本の東洋史学」(幼方直吉・遠山茂樹・田中正俊編『歴史像再構成の課題——歴史学の方法とアジア』御茶の水書房、一九六六年)。

その結果、「日本の中国史」は、中国が文化大革命などによって歴史学研究をほとんど停止させてしまった時期にも研究を進めることができた。戦後の中国史研究の特徴としてあげられるのは、一九四九年の中華人民共和国の成立に象徴される社会主義への親近感があったことである。日本国内における体制選択の問題が中国史研究への動機づけとして作用することがあった。この結果、中国史はあたかも自国史であるかのごとく意識されるようになった。しかし、ここで注意すべきは、この時期は実際には現地調査や留学が停止されていたため、きわめて少数の例外を除くと、研究対象との距離がむしろ広がった時期であったことである。つまり、中国史研究への動機づけは強く存在したが、実際の距離は広がっていたのである。また、大躍進から文化大革命にいたる中国共産党の政策、日本共産党との関係、その評価をめぐる研究者のあいだの対立なども問題となった。中国史研究自体がこうした問題を惹起するほどその存在は大きかったのである。

こうした構造は一九八〇年代になると大きく変化した。この時期は、この特集の他の論考も明らかにしているように、構造主義的な理解にかわり社会史や民衆史などが研究の中心になるなど日本の歴史学の大きな転換点であった[15]。そして、中国は改革開放政策に転じ、紆余曲折を経たものの今日の中国につながる変化をはじめた。この時期になると、留学が復活し、中国への距離はふたたび狭まっていった。台湾では長く独裁政治が続き、一九七〇年代には国際的孤立の中で、一方で台湾化が進んだ。中国国民党に対する野党として民主進歩党が結成され、選挙による政権交代がおこるなかで、台湾の歴史学は、台湾史を強調するようになり、学校教育でも『認識台湾』という名前の中学生用教科書に象徴される台湾史がはじめて教えられるようになるなどの大きな変化があった（一九九七年にはじまったこの制度はカリキュラムの改編によって二〇〇三年には社会学習領域にくみこまれた）。こうした中で、台湾史は、台湾ナショナリズムの源泉としての役割を果たしたのである。一方、この時期は、戦争をさまざまな場面で実際に体験した世代が次第に第一線からリタイアしていく時代でもあった。その意味で、一九八〇年代は、「日本の中国史」を成り立たせてきた「帝国の遺産」が名実ともに終焉した時代であったように思われる。

こうして、一九九〇年代になると「日本の中国史」はある種のまとまりや求心力を失い、そして、東洋史の中でも、イスラーム史や東南アジア史といったそれまでにはなかなか人材を供給できなかった領域が充実の度合いを深める中で、座標軸を失い漂流を始めたのであった(16)。そうした意味での「戦後歴史学」の中国史版はまだ書かれていない。むしろこうした問題を積極的に議論してきたのは韓国

(15)　歴史学研究会編『現代歴史学の成果と課題　一九八〇―二〇〇〇年Ⅰ　歴史学における方法的転回』青木書店、二〇〇二年、同『現代歴史学の成果と課題　一九八〇―二〇〇〇年Ⅱ　国家像・社会像の変貌』青木書店、二〇〇三年、参照。

(16)　「日本の中国史」に関するこうした理解に関しては、飯島渉「総説――中国近現代史研究の方法・思想・制度」（飯島渉・田中比呂志編『21世紀の中国近現代史研究を求めて』研文出版、二〇〇六年）、同「「全球化」と日本の中国近現代史研究」（同書）でも触れたことがある。

で中国史ないしは東アジア史を論じた白永瑞であった。(17) 白は、近代中国の大学史などの実証的な研究から学知論へと関心を展開させ、その過程で「日本の中国史」のもつ歴史的意義と限界を説いた。白がそれをなしえた背景には、「韓国の中国史」が一九九〇年代の国交回復まで、中国との直接的な学術交流を行うことが難しかった中で、「日本の中国史」がその媒介の役割をはたしたことがあっただろう。この結果、「韓国の中国史」の研究史には、「日本の中国史」が明確に位置づけられているのに対して、「日本の中国史」の研究史には、「韓国の中国史」がほとんどないという、いわば「非対称的な関係」も存在する。ごく最近では、日本と韓国の若手研究者の交流の機会がふえているが、その解消にはしばらく時間を要するであろう。

この文章は、中国史の「行く末」に関する私なりの展望を示すことが目的であって、中国史の「来し方」を論じることが目的ではないが、おりしも、東京大学文学部東洋史研究室は、二〇一〇年一二月一一日に一〇〇周年記念のシンポジウムを開催した。中国の明清史を専門とする岸本美緒の趣旨説明ののち、太田信宏（インド前近代史）、弘末雅士（東南アジア史）、小嶋茂稔（中国古代史）、佐藤次高（イスラーム史）の各氏から専門領域に即して問題提起があり、その後、羽田正（ユーラシア史）、桃木至朗（東南アジア史）からコメントが寄せられ、討論が行われた。

大学における東洋史は一九〇四年設立の支那史学科までさかのぼれば東京大学が一番古く（京都大学の東洋史の設立は一九〇七年）、現在、色々な問題があることが指摘されたが、その背景には、すでに紹介した桃木至朗の言う「東洋史への逆風」がある。それぞれの報告は、専門領域にかかわる方法論的な内容が中心であったが、中国史に関して言うと、小嶋が日本の東洋史を支えてきた制度が漢文教育にあったことを強調していたことは印象的だった。たしかに、現在、高等学校での教育や大学入試における漢文のウエイトは明らかに低下している。そして、そのことが大学における中国史の体系を揺るがしていることも事実であろう。他方、この漢文をめぐる問題は、竹内洋の説く大正教養主義の問題なのかもしれないとの印象も抱いた。[18] 戦後の新制大学の教育理念の一つとなった教養教育は、語学も含め理念としては旧制高等学校的な大正教養主義を基礎としていた。しかし、ごくわずかな数のエリート学生を対象とした旧制高等学校と、しだいに進学率の高まった新制大学を同じように論じることは難しい。私はその日どうしても外せない用事があって、参加できたのは報告とコメントだけなので、このシンポジウムに関してこれ以上の言及は避ける。

「日本の中国史」が今日のような問題に直面するまで、学問史ないしは史学史にもとづく自己省察を行ってきたかと言えば、それは十分ではなかった。むしろ、ほとんど無かったと言ってよい。たしかに、この面での努力として戦後歴史学における戦争や植民地主義への批判をあげることは可能であ

(17)　白永瑞「中国現代史の再構築と東アジア的視点——韓国からの発言」、横山宏章・久保亨・川島真編『周辺から見た二〇世紀中国——日・韓・台・港・中の対話』中国書店、二〇〇二年、同『〈東洋史学〉的誕生与衰退——東亜学術制度的伝播与変形、『台湾社会科学』五九、二〇〇五年、同「自国史と地域史の疎通——東アジア人の歴史叙述についての省察（一）」、『現代思想』三五—一〇、二〇〇七年。

(18)　竹内洋『教養主義の没落——変わりゆくエリート学生文化』中公新書、二〇〇三年。

る。しかし、戦後の「日本の中国史」はこれまで述べてきたように「帝国の遺産」の消費者でもあった。

史学史的な検討、すなわち自らのよって立つ方法的基盤を、歴史学が歴史的に分析してきたかといえば、それはほとんどない。このことは、日本の歴史学において史学史や歴史哲学が重視されてこなかったことが背景となっている。各大学によって状況は異なるが、まず特徴的なこととして、史学科にはふつう歴史哲学や史学史を専門とするスタッフはいない。しかしながら、「史学概論」という科目は依然として存在しており、日本史概説や西洋史概説、東洋史概説といった概説科目と並んでなるべく担当したくない科目の一つなのである。実際にこの科目を担当しているのは西洋史を専門としているスタッフであることが多い。これは、日本の大学における歴史学が、方法論としてはヨーロッパの歴史学、史学史的にいえばランケの歴史学方法論を基礎に大学における歴史学研究の制度化を行ったことに起因している。

そして、戦後の中国史研究に大きな影響を与え、また、その時代区分論において論争的な場面を提供した歴史学研究会と京都大学東洋史という戦後を代表する学知の双方にとって、中国は特別な存在であった。しかし、一九八〇年代以後には、中国は近代化モデルで理解できる存在となってしまい、特別な存在ではなくなった。そして、二一世紀に入り、中国史専攻の学生の減少という現実に直面するまでは、自らの存在基盤を市場との関係も含め、自覚的あるいは批判的に検討したことはほとんどなかったのである(19)。

三　中国史は誰のものか?

「日本の中国史」のあり方を考えるための道筋として、次に「中国史は誰のものか」という問題を考えてみよう。中国史はもちろん中国人だけのものではない。そして、日本人だけのものでもない。ここで、「中国人」や「日本人」という表現を使ったが、これは適切ではない。例えば、中国系日本人の中国史という問題もあるので、もっと丁寧な議論が必要なのだが、ここではあえて単純化した議論をすることによって、問題の構造をはっきりさせたい。

それでは誰のものなのか。私は、「中国史は、中国を理解しようとする人々のものである」と考えたい。つまり、中国史を解釈する権利は私にもある。そして、この立場に立たなければ、「日本の中国史研究」や外国史研究は崩壊する。アメリカの日本史研究者であるアンドルー・ゴードンは、その印象的な日本近現代史の通史において、日本的であることと近代性のあいだのバランスを転換したいという狙いから、日本近現代史を Modern Japanese History とするのではなく A Modern History

(19)　この点では、一九八〇年代に中国近現代史の方法をめぐって戦後歴史学的な中国理解や方法を厳しく批判した、中国哲学や思想の専門家であった溝口雄三『方法としての中国』(東京大学出版会、一九八九年)から同『中国の衝撃』(東京大学出版会、二〇〇四年)も中国を特別な存在としてみなす意味においては、批判の対象と共通の基盤に立っていたと見ることができよう。

of Japan としたとして、「日本と呼ばれる場でたまたま展開した、特殊「近代的な」物語を語ること」が課題であり、「日本の近現代史は、一貫して、より広範な世界の近現代史と不可分のものだった」と述べる。日本の近現代史の特殊な特徴を認識することは重要であるが、「日本の歴史を比類なくユニークであるとか風変わりであるとみなさないことは、研究者にとっても学生にとっても、それ以上にきわめて重要である」からである。(20) これは「日本の中国史研究」にもあてはまるであろう。その意味で、これは大切なことだが、日本史を解釈する権利は外国人にもある。

それでは、研究対象との距離をどのようにとるべきなのか。これが外国史研究の最も難しいところだと最近痛感するようになった。しかし、「日本の中国史」は、この問題についても蓄積を有している。特に、津田左右吉（一八七三―一九六一年）と内藤湖南（一八八八―一九三四年）という二人の巨人の中国像をめぐって、増淵龍夫（一九一六―八三年）がすでにそれを精緻に論じている。(21) 増淵は、津田と内藤の中国への距離感の違いを明確にしながら、自らの歴史研究の方法を考察しようとしたのであろう。そして、その内容はまったく古くなっていない。いやむしろ、今日においてこそ、中国史研究を志す者が必ず通過すべき古典としての価値をましている。しかし、この考察は、増淵が東京商科大学で学び、経済史家として、はじめはドイツ経済史から出発したことによってなし得たものかもしれない。(22)

この問題には、実は、逆のベクトルもある。つまり、「日本語で書かれた歴史は、かりにそれが中国を対象としたものであっても実は日本史なのではないか」というかなり問題含みの、けれども、外国史を学び、論文を書き、また授業をしている者であればおそらくは必ず抱いたことのある問いである。

四　中国史をどう書くか？

ここで問題にしたいのは、中国人だけのものではない、そして日本人だけのものでもない中国史を

(20) アンドルー・ゴードン『日本の二〇〇年——徳川時代から現代まで』（全二冊）森谷文昭訳、みすず書房、二〇〇六年、まえがき、上巻、一〇—一三頁。原著は、Andrew Gordon, *A Modern History of Japan: From Tokugawa Time to the Present*, New York: Oxford University Press, 2003.

(21) 増淵龍夫『歴史家の同時代史的考察について』岩波書店、一九八三年。

(22) 私個人は、「経済史と歴史学」（増淵前掲書、所収）という一文から大きな影響を受けた。ある時期、経済学部で歴史学を講じることになった私が、自らのよって立つ基盤を考える上で参照したのがこの文章だったからである。現在、私は文学部史学科に籍を置いているので、歴史を講じることの意味自体をすこしスキップして各論に入ることが多い。しかし、経済学部という看板をかかげる学部において「アジア経済史」を講じる場合には、常に、歴史学の存在証明を示す必要があったのである。その意味では、現在は、いささか緊張感を欠いているかもしれない。歴史学の存在証明の必要性は、私が感染症を中心に医療社会史を主な課題と意識する中で、しだいに中国史研究者としての自己意識を欠如させたこととともに、私が「日本の中国史」のあり方を外から見つめなおすきっかけになった。

どう書くかということである。中国史の叙述にはいく通りかの可能性がある。また、通史や啓蒙書と研究論文や専門的著作を区別して考える必要もある。ここでは後者の研究論文や専門的著作について考えてみたい。

私の考える可能性とは、①中国語・中国史、②英語・中国史、③日本語・中国史、の三通りである。①の中国語・中国史とは、「中国史（Zhongguo shi）」と書くべきだろう。これは日本語・日本史を想定すればよい。そして、その必要性はさしあたり明らかである。「さしあたり」とは最近の学生がよく口にする言葉で、なるべく「さしあたり何かをするのはいかがなものか」と言うことにしているので、出来ればあまり使いたくない。あえて「さしあたり」と書いた理由はのちに述べる。

②の英語・中国史とは英語圏での中国史の叙述や研究書をさす。これは、A History of China と書くべきだろうか。英語・中国史が成り立つのは、アメリカとイギリスだが、始末の悪いことに英語のデファクト・スタンダード化が進行した結果、英語・中国史の勢力は急速に拡大している。そして、それを支えているのは、中国人学者がその方法を選択することが多くなっていることである。英語・中国史はたしかに英語帝国主義の産物だが、例えば、一九九〇年代に急速に進展を見せた韓国の中国史研究などとの関係の構築という意味では、ユニバーサルな側面を持つことも否定できない。そして、③の日本語・中国史は、これまで「日本の中国史」が一般的にとってきた方法である。

日本語・中国史が成り立つには、需要と供給、すなわち、中国史を学ぶ学生がいて、その中から書き手となる人材が養成され、その結果が市場において消費される構造が成り立つ必要があった。そして、それを支えてきたのが、先に紹介した「日本の中国史」一〇〇年の蓄積であり、そのよって立つ基盤が、漢学・実証主義史学・植民地主義にあったことはすでに述べた。しかし、中国史離れが進み、学生が減少するという状況の中で需要の面での陰りがみえはじめた。また、ＩＴ化をともなうグローバリゼーションが進み、研究サークルのボーダーレス化が急速に進んだため、市場で消費される中国史が日本語である必要性も疑わしくなった。その結果、日本語・中国史が成り立たない可能性がでてきたのである。

「日本の中国史」が直面している問題の構図をよく示しているのは国際会議のあり方である。国際会議の裏方をつとめた経験から言うと、会議言語をどうするかはかなり深刻な問題である。会議関係の文書を何語で作るかという問題もある。実際には、これを英語で統一すると、もっともコストが低い。かつ、英語の場合は通訳などの準備をしないこともかなり許されるので、この面でのコストも抑えられる。そして、この方法は理科系の学会などで現実に行われている方法である。

この問題を研究言語問題と呼ぼう。これにリベラルに対応しようとするときわめてコストがかかる。まず、同時通訳は高度な技術だが、これができる人はほとんどいない。また、英語以外の言語を入れる場合どう対応するかという問題がある。中国史の会議なのだから中国語でいきましょう、という立場もある。しかし、中国史は、中国人だけのものではないという立場からは問題が残る。

ある印象的な経験、中国で開催された中国史の会議、出席者は私と同年代かもう少し上の世代、ただしスポンサーは英語圏の大学だった。この会議は中国で開催されたにもかかわらず使用言語は英語だった。出席者のほとんどは中国への留学経験があり、中国語でも討論が可能だったにもかかわらずである。また別の経験、これも中国で開催された会議、中心は大学院生の発表。この会議に参加したのは中国人と日本人だけだったが、日本からの参加者にはイギリス史とインド史の専門家もいた。イギリス史とインド史の専門家は英語で、その他は中国語での報告というのが最初の想定だったが、途中で中国側の主催者が大学院生の報告を英語でやりたいといいだした。そのきっかけは、インド史の専門家が報告のアブストラクトだけでも英語にしてほしいと発言したことがきっかけだった。院生は驚いただろう。けれども、徹夜で準備したらしく、翌日の報告のほとんどが英語で行われた。この会議の第二回目は京都で開いたのだが、この時は最初から英語にした。そこでは、中国の大学院生はよく準備された英語で報告した。このことは、研究交流がさかんになり、そこで多様性が追求されたとしても、交流の方法は往々にしてシンプルになる傾向があることを示している。

「中国の中国史」にとって、国際化対応とは事実上は英語化にほかならない。そして、これは比較的ハードルが低い。一方、「日本の中国史」の国際化対応は、英語化と中国語化の二つの想定がある。両方できるほうがいいに決まっているが、実際にはなかなか難しい。このことは、こうした面でも、日本語・中国史の可能性がしだいに狭まっていることを示している。

「日本の中国史」がその伝統によって国際的にも競争的優位にあったとされる時代には、中国史研究のために日本語を勉強することがあった。その背景には、中国への留学など、現地体験が難しい時代に、欧米の学者や大学院生が日本で資料を読んだりすることでそれを代替していた事情もあったようである。しかし、現在、こうした構造は完全に崩壊した。そして、その結果、「何語で中国史を叙述すればよいのか」が真剣に問われる時代になったのである。

この問題は研究者や大学院生が漠然と感じていることである。しかし、研究言語問題が正面から議論されたことはない。何故か。それは中国史には学会がないからなのだ。学問としての中国史、「日本の中国史」を考えるとき、実は、この学会がないというのは大きな問題である。イスラームや南アジア、東南アジアを対象とする研究者の場合、その温度差はさまざまであろうが、ほとんどの研究者が入っている学会というものがある。朝鮮史研究会などもそうした集合体のように見える。しかし、中国史には学会がない。これは、「日本の中国史」の場合、東洋史の他の領域に比べて相対的に研究者の数が多く、また、ポストの数も多かったことから、特定の大学を基盤とする学術団体がそれを便宜的に代替することになっていたからである。そうした中国史の成り立ちに関わる問題と同時に、中国政治が激動し、その評価をめぐってさまざまな軋轢があったこともあるだろう。文化大革命をめぐる軋轢などはその典型であった。

私は、歴史学や中国史とは異なるさまざまな分野の研究者と付き合うようになってよくわかったのだが、学会は妥協の場である。特定の学問領域、あるいは手法によって組織をつくり、同時に、大学院生の養成をはじめとする学問の継承も担う。学会の事務はときに煩雑で、面倒である。だから回り持ちでこれを行い、一年なり二年なりで学会長（あるいは理事長）が交代する。学会は、科研費などの研究資金の獲得のためにも大きな役割を果たす。そして、時には、政策へも関与する。それが学会のある種の姿である。私が入っているいくつかの学会でもこうした運営をしているところがある。しかし、それは中国史の学会ではない。

学会がないことはいろいろな問題の背景になっている。たとえば、歴史的事実をめぐっていろいろな評価がありうるとしても、暴論が流布されることの歯止めがないことはそのひとつであろう。最近気づいた問題としては、ユネスコの記憶遺産事業にかかわる問題がある。日本国内には中国史に深くかかわるさまざまな記録がある。しかし、学会がない状況ではその価値を主張することは困難であろう。また、日本学術会議「高校地歴科教育に関する分科会」は、世界史必修を見直しつつ、世界史と日本史を統合する「歴史基礎」（科目名は後に「歴史総合」となった—追記）を新設するよう提言するという。そして、学会に諮問して、歴史の重要用語ガイドラインを作り、入試問題などをそこから出すように働きかけるという(23)。その是非についてはここでは述べない。但し、中国史についていえば、それに対応できる学会はない。

五　中国史と日本史

「日本の中国史」を考えるとき大切なのは実は日本史との関係である。「日本語で書かれた歴史は、仮にそれが中国を対象としたものであっても実は日本史なのではないか」という考え方は過激である。けれども、日本語で書く場合には、どうしても日本的な、あるいは日本史との関係の文脈を前提とせざるを得ない。日本史とはおよそ関係のなさそうなテーマであったとしても、そこで封建制や地主などの表現を使った瞬間からそうした問題が生じるであろう。

私は、外国史研究者の陥りやすい落とし穴の一つである、日本史の研究者との関係の構築ではいろいろな失敗をしてきた。例えば、地域として満洲や台湾を研究する日本人研究者が現地語資料を使わないまま研究を進めることに異議をとなえることがままあった。この面では、近年、現地語を駆使するような研究も登場している。しかし、逆の問題として、私は中国における日本（史）理解のバイアスに疑義を呈したことがどれだけあっただろうか。つまり、「日本の中国史」は中国や香港、台湾などの中国語圏における日本史研究や日本史理解に対して、もう少し貢献をすべきだと思うようになった。このことは、日本史研究者に外国の日本（史）理解にもっと関心を持ってほしいということでもある。

たびたび触れているように、日本における中国脅威論は高まりを見せている。脅威論は恐怖感が背景となっており、その存在が無視できないからこそ脅威としてうつる。ほぼ一〇〇年にわたって続いてきた、経済や科学技術をはじめとするさまざまな面での日本の優位性が動揺するなかで、中国への恐怖感がましている。そして、中国では、アヘン戦争以来の欧米との関係、また、日本については日清戦争以来の関係を一気に逆転させようとするような歴史観が一般に受け入れられやすい。尖閣事件

（23）『朝日新聞』朝刊、二〇一一年六月九日。

で日中関係が冷え込んだとき、アメリカの東アジア問題の専門家であるエズラ・ボーゲルは、「過去を美化する日本の右派の活動が、日本を攻撃する材料となって中国の左派に提供されている。日中の両極端が互いを助け合い、真ん中の穏健派が敗北する構造」があると指摘していた。(24) この指摘は正しい。

歴史認識をめぐる問題は日中関係の大きな懸念の一つだが、その溝を埋めるべく、歴史の共同研究も進められてきた。この試みは、日韓でもはやくから進められている。以上の日韓や日中のあいだでの歴史共同研究の成果を参照して感じることの一つは、相互のすり合わせの対象が、「日本の中国史」と「中国の日本史」、そして、「日本の韓国・朝鮮史」と「韓国の日本史」であることである。そして、この試みは、実は学会レベルでの歴史認識のすり合わせの試みなのだが、実際には、そこでの溝もかなり大きい。また、歴史認識問題は世論調査で扱われるような相互の感情のレベルに食い入るものではない。この点については、クール・ジャパンに代表されるさまざまなサブ・カルチャーが重層的に流通しているのが現代の日中関係や日台関係、日韓関係の実情であるから、政治問題としての歴史理解の齟齬を過大に評価する必要はないという議論も妥当だと思う。他方、ネット上に流通する「萌えキャラ」が「日本鬼子（ひのもとおにこ）」や「小日本（こひのもと）」という名前だったりすることが、この面での問題の複雑さを示してくれる。

日本に諸外国と比べて豊富な外国（史）研究、中国（史）研究の蓄積があるのに対して、中国の外国（史）や日本（史）への理解が依然として貧弱なことは事実である。ある中国の公文書館でのお昼のこと、話しかけてきた私より少し年上に見える女性は公文書館のスタッフだったから知識人の部類に入るであろう。そして、私が中国の公文書を眺めている様子をみて、比較的好意を抱いたのだと思う。雑談の中で、どんな拍子か「川島芳子」の話題になった。「川島は、日本では民族的英雄なのか」という素朴な質問はちょっと忘れ難い。川島についてはいろいろな評価がありえるだろうが、英雄視は多数派ではなかろう。しかし、それはこの女性の責任なのだろうか。

歴史認識問題やいろいろな面での認識の齟齬の背景には、中国語で読める日本史がどれだけあるのかということがある。これは中国人が中国語で発表した日本史の研究論文や著作にはどんなものがあるかという問題でもあるが、本稿ではこの問題には立ち入らない。まず日本語で書かれた日本史の著作がどの程度中国語に翻訳されているのか調べてみよう。

まず、中国から。最近はとても便利で、国家図書館や大きな大学の図書館のデータベースを簡単に検索できる。数は多くないが翻訳はある。目立つのは、比較的早い時期から井上清『日本帝国主義の形成』（岩波書店、一九六八年／人民出版社、一九八四年）、『天皇の戦争責任』（現代評論社、一九七六年／商務印書館、一九八三年）などが翻訳されていたことである。また、江上波夫『騎馬民族国家――日本古代史へのアプローチ』（中公新書、一九六七年／光明日報出版社、一九八八年）、家永三郎『日本文化史』（岩波新書、一九五八年／商務印書館、一九九二年）、中村政則『戦後史』（岩波新書、二〇〇五年／中国人民

(24)　『朝日新聞』朝刊、二〇一〇年十月二九日。

大学出版社、二〇〇八年)、坂本太郎『日本史概説』(至文堂、一九七八年/商務印書館、一九九二年)、新崎盛暉『沖縄現代史』(岩波新書、一九九六年/生活・読書・新知三聯書店、二〇一〇年)などがある。

最近では、内藤湖南『日本文化史研究』(講談社学術文庫(全二冊)、一九七六年/商務印書館、一九九七年)、和辻哲郎『風土―人間学的考察』(岩波書店、一九三五年、のち岩波文庫、一九七九年/商務印書館、二〇〇六年)、新渡戸稲造『武士道』(日本語版は丁未出版社、一九〇八年、のち岩波文庫、一九三八年/山東画法出版社、二〇〇六年)などの古典的著作の翻訳もある。

次に台湾ではどうだろうか。中国の簡体字、台湾の繁体字と文字の違いはあるものの、近年では、中国の学者が台湾で著作を発表することも多く、台湾の国家図書館や大きな大学の図書館のデータベースを検索した結果は、さきに紹介した翻訳と重複する。すこし目立つのは、家永三郎『戦争責任』(岩波書店、一九八五年/台湾商務印書館、二〇〇六年)、鶴見俊輔『戦時期の日本の精神史―一九三一―一九四五年』(岩波書店、一九八二年/行人出版、二〇〇八年)などである。

他に、中国で読める日本史関係の著作としては、依田憙家『日中両国近代化の比較研究序説』(龍渓書舎、一九八六年/北京大学出版社、一九九一年)をはじめとする一連の著作がある。依田氏の著作については上海遠東出版社から著作集が出ている。ちなみに、アンドルー・ゴードンの『日本の二〇〇年―徳川時代から現代まで』は、二〇〇八年に広西師範大学出版社から中国語版が出ている。そのタイトルは『日本的起起落落』であり、そのニュアンスは、「日本の勃興から没落まで」に近いだろう。

この問題は韓国語への翻訳の問題でもあるので、同様にすこし調べてみた。全体の印象として、翻訳それ自体はあまり多くない。この背景として、韓国の大学院ではテキストとして、アメリカや日本で発行された研究書を輪読し、討論することが多いため、翻訳書はそれほど多くないのではという意見を聞いたことがある。但し、天皇制や戦争などのテーマへの関心は高く、翻訳への動機づけも高い。近現代史は小熊英二『日本という国』（理論社、二〇〇六年、翻訳は二〇〇七年）、加藤陽子『戦争の日本近現代史――東大式レッスン！征韓論から太平洋戦争まで』（講談社現代新書、二〇〇二年、翻訳は二〇〇三年）、永嶺重敏『〈読書国民〉の誕生――明治三〇年代の活字メディアと読書文化』（日本エディタースクール出版部、二〇〇四年、翻訳は二〇一〇年）、村澤博人『顔の文化誌』（東京書籍、一九九二年、のち講談社学術文庫、二〇〇七年、翻訳は二〇一〇年）、鹿野政直『近代国家を構想した思想家たち』（岩波ジュニア新書、二〇〇五年、翻訳は二〇〇九年）、安田浩『天皇の政治史――睦仁・嘉仁・裕仁の時代』（青木書店、一九九八年、翻訳は二〇〇九年）、大貫恵美子『ねじ曲げられた桜――美意識と軍国主義』（岩波書店、二〇〇三年、翻訳は二〇〇四年）、吉見俊哉『博覧会の政治学――まなざしの近代』（中公新書、一九九二年、のち講談社学術文庫、二〇一〇年、翻訳は二〇〇三年）などがある。数は多くないが、選択に幅が感じられ、韓国における日本理解の成熟を示しているだろう。

日本史の著作の中国語や韓国語への翻訳に関してはより系統的な検討が必要だが、まず言えることは、日本史としての発信力は極めて弱かったということである。日本でも英語圏やフランス語圏の著作に比べて中国語や韓国語からの翻訳が少ないことは事実である。それは、それらが売れないという出版資本主義の問題だという話を聴いたことがある。ちなみに、韓国語への翻訳のスピードが速いのは、韓国における出版事情があり、版元が新しい著作を次々に出す必要に迫られているかららしい。

ここに紹介した日本史の翻訳をめぐる事情は、日本と中国、台湾、香港、そして韓国やＡＳＥＡＮとの関係を考える場合、やはり問題だろう。そして、こうした地域の歴史を研究し、その成果を発信し、同時に日本に還元する役割を果たすのであれば、実は一歩踏み込んで、中国史研究者は中国や台湾における日本史研究との関係の構築、日本史理解に関心を持つことが求められる。そして、それを日本史研究に還元することが必要だろう。

中国に行って感じることのひとつは、そのステレオタイプな日本観だが（同時にこれは逆に、日本の中国観も同様の可能性がある）、その背景に、多様性を持った日本史がないことがあるように思われる。中国の研究者や大学院生の発表を聞くと、その日本近代史理解が井上清の著作を基礎にしていることが多く、いますこし解釈の幅があってもいいのではないかと感じることがある。しかし、考えてみると、中国語で読める日本史はあまりないのだ。そして、日本には近代日本のさまざまな問題をめぐってじつに多様な見解があり、それが論争的な様相を呈していることや、また、網野善彦（一九二八―二〇〇四年）の天皇制や列島理解が紹介されることも固定的な日本観の打破のためには意味があるはずである。そして、日本における日本史理解の多様性を示すこと、それを中国語や韓国語、英語などで発信することの意味は小さくない。これは、単に、日中関係史や日韓関係史を研究するということではない。

日本語・中国語・韓国語という点でいえば、二〇〇五年に東京で開催された会議をかわきりに、中国・台湾・香港・韓国と日本の出版事業にたずさわってきた編集者たちが「東アジアの読書共同体」を再構築するこころみとして（そこには、歴史的には漢文を基礎とする知的なネットワークがあったという前提がある）、共有されるべき一〇〇冊（中国・韓国・日本はそれぞれ二六冊、台湾一六冊、香港六冊）が選定された。(25) 選定された著作には歴史書も多く含まれており、韓国の中国史を世界的な水準に引き上げた閔斗基『時間との競争――東アジア近現代史論集』（延世大学校出版部、二〇〇一年）や網野善彦『増補無縁・公界・楽――日本中世の自由と平和』（平凡社選書、一九七八年、のち平凡社ライブラリー（増補版）、一九九六年）なども含まれている。ただし、一見してかなり高度な内容のものが多い。ここに言う「高度な内容」とは、背景にある文脈が理解されていないとその意義が十分に理解されない可能性があるという意味である。共同体の再構築のためには、いますこし基盤的なひろがりを持たせることが必要かもしれない。

これに関連して教科書についても感じることがある。大学院時代に私は新宿にある古手の日本語学校で世界史を教えていた。当時、高等学校を卒業したばかりの留学生が日本の大学を受験する場合には世界史が必要だったので、就学生と呼ばれていた二〇歳前後の学生に「日本の世界史」を教えた。学生たちのほとんどは台湾、韓国、中国（人数はだいたいこの順序だった）から来ていたが、今になっ

(25)　東アジア出版人会議編『東アジア人文書一〇〇』みすず書房、二〇一一年。

て考えてみると、なぜ、日本史ではなくて世界史なのかという疑問もわく。ただし実際には、大学入試の試験で外国から来た就学生に対して日本史を受験科目として指定することは不可能だっただろう。

この時使っていたのは、日本の高等学校世界史教科書だった。確か三省堂の世界史教科書だったと思う。彼らにとって最も困難だったのは片仮名の表記であった。そして、山川出版社の教科書はあまりにも詳細すぎて教えにくい、という話をベテランの先生から聞いたことがある。考えてみると、台湾、韓国、中国から来た二〇歳前後の学生に、どうして「日本の世界史」を教えることができたのだろうか。たいへん興味深いことに、私は彼らにギリシア・ローマの歴史とか、そんなことも教えていた。つまり、彼らが知っている世界史の知識は日本の高等学校の生徒とほぼ共通していることだった。

私の手元に、いくつかの中国の教科書がある。標題は「世界歴史」、つまり日本の「世界史」にあたる。そのうちの一冊は、人民教育出版社の刊行による『世界歴史』九年級（上）である。説明によると、本書は、「義務教育段階での「国家歴史課程標準」」に準拠して編纂したとあり、『中国歴史』（四冊で内容は世界史よりも詳しい）と並行して使用することが意図されている。九年級は日本の中学三年生にあたる。その内容を見てみると、「第一章　人類文明の発祥、第一節　人類の形成、第二節　大河流域の文明の揺籃、第三節　西洋文明の起源、第二章　アジアとヨーロッパの封建社会、第四節　アジアにおける封建国家の建設、第五節　古代中世のヨーロッパ」となっている。別の教科書も見てみよう。四川教育出版社の『世界歴史』九年級（上）は、「第一章　有史以前の人類、第一節　人類の形成と文明のあけぼの、第二章　古代のアジアとアフリカの文明、第一節　古代のアジアとアフリカの文明、第二節　古代の日本とアラビア半島の国家、第三章　古代のヨーロッパ文明、第一節　古代ギリシア、第二節　古代ローマ、第三節　古代中世のヨーロッパ」などの内容である。ちなみに、私が現在執筆に加わっている高等学校世界史教科書を見ても、序章で人類の起源を扱ったのち、「第一章　諸地域世界と文明、第一節　東アジア世界と中国文明、第二節　南アジア世界とインド文化、第三節　乾燥世界とイスラーム、第四節　ヨーロッパ世界とキリスト教」という構成である。

これを見てもわかるように、実は、日本と中国の世界史はおどろくほどよく似た構図になっている。むしろ、中国の世界史教科書は日本のそれを参照しながら編纂されているとの印象も持つ。このことは教科書をめぐる歴史認識問題ではあまり議論されたことはなかった。それは、教科書問題は一般に、「日本の日本史」と「中国の中国史」、「韓国の韓国史」の違いをめぐって議論されることが多かったからである。しかし、実際には、「日本の世界史」と「中国の世界史」の一九世紀までの基本的な理解にはそれほど決定的な違いがないことが分かるのである。日本、中国、台湾、韓国の東アジア近現代史を共有化する試みは(26)、たしかに貴重な仕事だと思う。しかし、ただちにそれが完結するとは考えにくい。むしろ、世界史認識の基盤が共通していることにその可能性を見出すことができるのではないだろうか。こうした歴史の基礎となるのは、「日本の中国史」ではない。「中国史（Zhongguo shi）」やA History of China を想定しながら構成されるグローバル・ヒストリーの中に位置づけられる

（26）《東亜三国的近現代史》共同編写委員会『東亜三国的近現代史』社会科学文献出版社、二〇〇五年。

「中国史（ちゅうごくし）」だろう。

　私は、中国の大学で話をする際には日本の歴史学における外国史研究の位置づけと役割の話をすることにしている。中国の大学では、歴史学を選択する学生は圧倒的に中国史を専攻することが多いからである。但し、これには変化も現れていて、近年、外国史を専攻する学生もふえている。この点にも中国の大国化が表れているといえよう。そして、歴史認識問題の背景には、世界史的な知識の共通基盤があるのだという話をする。歴史学の方法や世界史に関する共通の基盤があるからこそ意見の対立も起こりうるのだというメッセージである。

六　いま、「中国史」は成り立つのか

　中国史の方法としては、一人が多様な言語すべてに対応することには無理があるから、「中国史(Zhongguo shi)」や A History of China との関係性を意識しながらうまくバランスをとって、叙述を行うことが必要だと思う。そして、対象とする問題群に即した研究言語が選択されるようになればよい。そして、この中国史は、グローバル・ヒストリーを志向する。但し、これはあくまでも学術的な問題なので、対象を広く意識した日本語による発信も必要だと思う。

　そして、対象とする中国とのあいだに適切な間合いを取ることが必要だと感じる。この命題は、増淵龍夫によって内藤湖南と津田左右吉の中国観の相克として問題の構造が明確になったが、現在でも

同じような問題を含んでいる(27)。

アカデミック・イシューとして、中国史から西洋史なり日本史に対しての理論的問題提起を欠いたことも問題なのではあるまいか。つまり、中国史は、中国や台湾の学会やアメリカのアジア学会との間で中国史を研究してきたが、この中で、実証性において日本の研究に優位があるという意識が常にはたらいていたのではなかったか。また、私たちの世代は、中国や台湾に行って一次資料（档案）を見てそれを研究論文にするというスタイルが確立した時期に研究を本格化させた。そのため研究成果を中国や台湾の研究者に問題提起することを自らに課したのだが、一方で、研究がきわめて個別化してしまった。これを「档案第一主義」の功罪と呼ぼう。そして、そうした研究成果を日本の歴史学の文脈にどのように位置づけるかという点では配慮を欠くきらいがあった。

中国史の研究は多様化しており、現在の中国の歴史学研究が共産党の歴史観を普及する役割を担っているわけではない。現在の中国の歴史学の根本的な対立軸は、マルクス主義や毛沢東思想の問題ではなく、伝統史学と新文化史、中国的な伝統と近代（欧米）の関係性にある。そして、そこに日本の

(27)　石島紀之「中国近現代史と私」（最終講義）（『都市とジェンダー――現代的な生の条件と表象をめぐる学際的研究』二〇〇八年度フェリス女学院大学学内共同研究報告書、二〇〇九年）や毛里和子「現代中国研究四〇年――三つの挑戦」（『ワセダアジアレヴュー』第七号、二〇一〇年）は近現代史研究や現代中国研究を牽引してきた研究者の最終講義ないしは研究回顧だが、そこには中国とどのような距離をとるかという問題への苦労がにじみ出ているように思われる。

中国史が関与することはしだいに少なくなってしまった。台湾の歴史研究の多様化もいちじるしい。一方では、資料の大量公開があり、研究者間の競争も激化した。現在の中国における大学教員の厳しい昇格システム、そして学術雑誌のレベルによる選別はたいへんなものである。こうした中国や台湾の歴史学ないしは歴史学界の現在の状況を私たちはどれほど日本史研究や西洋史研究に伝えてきたのであろうか。

おわりに

二〇一〇年朝日新聞社は、「ゼロ年代の五〇冊」と題し、新聞や雑誌の書評を担当している読み手およそ一五〇人の協力を得て、二〇〇〇年から二〇〇九年までの一〇年間に出版された作品から注目作を選んだ。この試みは、二一世紀の一〇年間のみを対象とし、また、特定のジャンルに限定したものではないから、『ファーブル昆虫記』の完訳（全二〇冊予定、奥本大三訳、集英社、二〇〇五年―二〇一七年）などの多彩な作品が選ばれている。歴史書としては、萩原延壽『遠い崖―アーネスト・サトウ日記抄』（全一四冊、朝日新聞出版、一九八〇、九八―二〇〇一年、のち朝日文庫、二〇〇七―〇八年）が第五位になった。アーネスト・サトウを通じて近代の日本を活写した『遠い崖』が名著であることは論をまたない。けれども、残念なことに、サトウがシャムや北京に駐在していたときの記録を本格的に利用した研究はまだないのだが……。

このアンケートで、国際的な評価の高まりのなか、いまやノーベル文学賞の候補と目される村上春樹『海辺のカフカ』（全二冊、新潮社、二〇〇二年、のち新潮文庫、二〇〇五年）の第二位を抑えて、第一位となったのは、ジャレド・ダイアモンド『銃・病原菌・鉄――一万三〇〇〇年にわたる人類史の謎』（全二冊、倉骨彰訳、草思社、二〇〇〇年）だった。その詳細は省くが、さまざまな地域の人々が異なった運命をたどった要因は生物学的な差異によるのではなく環境の差異によるものであったとし、決定的な影響を与えた要因として標題の三つの要素をあげるのである。ダイアモンドの著作は、気候、地形、そして食材や家畜といった視点からグローバル・ヒストリーを描いたもので、けっして読みやすい書物ではない。けれども、それにもかかわらずこれほどの評価をえ、また、版を重ねているのは歴史学に求められているものが変わりつつあることを示しているのではないだろうか。

私なりにそれを解釈すると、現在の中国史研究に求められている要素の一つは自然科学的な学知とも対話しながら中国をどのように理解するかという「理系中国」への貢献ではなかろうか。

そして、この問いは、「日本の「中国史」は生き残れるか」という問いでもある。ちなみに、五〇冊の中には、水村美苗『日本語が亡びるとき――英語の世紀の中で』（筑摩書房、二〇〇八年）も選ばれている。この本をめぐっては多くの議論があるが、その含意は、英語という一言語がデファクト・スタンダードとみなされるようになったいま、日本語や日本文学を守るには一部の人々がバイリンガルになることが必要であり、そしてそのためには平等主義的な思考を捨てる必要があると論じていることにある。(28)

私は、日本語で書かれる中国史が必要だと思う。と同時に、すくなくとも英語か中国語かによって、あるいは中国語か英語かによってその内容の中心となる部分が発信されるべきだと強く感じている。それは、日本社会に暮らす私たちが他者の目線を意識することで自らを再認識することができるように、中国にとってもそうした他者の目線がぜひとも必要だと考えるからである。

そんな中で、私は、日本史は決してなくならないと思っていた。けれども、最近少し考えが変わりつつある。「わからないよ……」。日本列島に生活する人々の一割が日本語を母国語としない時代が来るかもしれない」、そんな予測も頭をよぎるからである。外国史のない日本の歴史学はきっとつまらないだろう。けれども、「日本の中国史」は亡びないという保障はない。このことは、日本における知的営為の一つである歴史学のあり方に根本的な問題を投げかけているのではないだろうか。

（28）　水村美苗『日本語が亡びるとき――英語の世紀の中で』筑摩書房、二〇〇八年。これに関連して、平川祐弘『日本語は生きのびるか――米中日の文化史的三角関係』（河出書房新社、二〇一〇年）が「米中日の文化史的三角関係」からこの問題を論じていることに示唆を受けた。

二　「「中国史」が亡びるとき」その後

「「中国史」が亡びるとき」（『思想』二〇一一年八月、第一〇四八号）という文章を公表してからかなりの時間が過ぎた。この間にもいろいろな経験をした。ヒトは環境によって思考も左右される動物だから、二〇一〇年から二〇一一年に準備したこの原稿についてまず振り返ってから、現在の考え方を書いておくことにする。

その時期、私は三つの大きな事件の渦中にあった。まず一つは、二〇一一年三月の東日本大震災である。私は、この地震とその後の日本社会が直面した、あるいは現在も直面している現実から大きな影響を受けた。その後、何度か被災地を訪ね、時には学生とともに仮設住宅に泊まったりしたのだが、なんともいえない無力感にさいなまれた。支援のまねごとは、定期的にお金を寄付していること、そして寄付先を選ぶようにしていることなど、に過ぎない。

この地震を契機に、歴史学と社会、私たちの生活の関係にあらためて思いをはせたし、既存の歴史学のあり方に大きな疑問を抱いた。現在の日本の歴史学、中国史の研究は、何か、特定の狭い領域の中で、専門的用語を使って内輪で議論しているに過ぎないのではないかという思いがある。フィリピン・レイテ島の台風による被災資料の修復にかかわったのも、自分なりにこの未曾有の事件の経験をいくばくかでも形にしたいと思ったからである。東日本大震災の後に、私は授業の内容を大きく変え、中国近現代史の各論ではなくて、気候変動と文明の変遷とか、農業革命と生態系の関係などの大きな物語を話すようになった。その過程で、感染症の歴史学（疫病史観）についても触れることにしている。

第二に、東日本大震災の後、二〇一一年四月から二〇一二年三月の一年間、私はサバティカルを獲得できたので、いろいろなところに出かけた。手帳の記録を見ると、八〇日間ほど海外に行っているので、やり過ぎの感もあった。中国・台湾・香港と韓国が多かったが、ヨーロッパにも何度か出かけた。この経験は私の研究スタンスに影響を与えた。中国や東アジアをヨーロッパから眺めるという経験はとても貴重だった。

第三に、この時期、二〇一一年一二月に開催された辛亥革命一〇〇年の国際会議の事務局の仕事にかかわることになった。大学院生の時期を中心に積極的に関わった辛亥革命研究会を解散させた責任があるので、国際会議のために何らかの役割を果たすことが必要だと考えたのである。

「「中国史」が亡びるとき」は、そんな状況の中で文章を準備した。反響はかなりあった。『思想』という比較的読者の多い雑誌からの依頼原稿だったので、あえて挑発的言質を使った。しかし、反響は、反発というより共感が多く、いささか拍子抜けした。反発があって論争になる局面があるとよかったのだが、そうはならなかった。それが実情なのだろうし、かなり寂しいことがらだった。

二〇一五年になると、大学における人文系学科の再編を意図した文部科学省の意向が示された。反発は大きく、その主旨は教育系の大学・大学院（私自身もその出身者）の再編を意図したものだったというあたりで幕引きが図られたが、それは文部科学省の本音と思えた。

それでは、二〇一一年と比較して、現在、日本の歴史学なり、あるいは中国史の研究が存在感を示しているかと言えば、特にそんなこともない。「中国史が亡びるとき」は近いのか、それともしばらくの間は生き残っていけるのかは依然として頭痛の種である。

人文系の学問、とくに歴史学が、社会科学や自然科学に比べ、その知的貢献の内容がはっきりしないこともその理由であろう。実証的な水準において、日本の中国史研究が突出して大きな蓄積を有していたことは明らかである。しかし、現在の研究教育体制はその遺産を食い潰し、学問的な研究の継承に成功しているとは思えない。中国近現代史研究について言えば、実証的な水準において、中国や台湾、広い意味での中国語圏の研究者と競争することは困難であり、今後、日本の中国史は、英独仏ないしは米国における研究を紹介する役割を果たすことによって、その存在意義を主張してきた西洋史の研究と同じような状況に陥るのではないかと感じている。

実証的水準と言う意味において、例えば、古代史などの場合はどうなのだろうか。つまり、資料は極めて限られているため、一生の間にほとんど資料の全体を読むことができる（という話を聞いたことがある）分野はどうであろうか。それとても、出土資料やその他の非文字資料などの状況を考えると、風前の灯のように思える。

中国語圏の研究では、中国や台湾の中国史研究がナショナル・ヒストリーの傾向を強めている。また、英語中国史の世界は確実に広がっている。二〇一六年に京都の同志社大学でＡＡＳの会議が開催された。関係するセッションの司会とコメントを引き受けたのだが、知り合いにはほとんど会わなかった。六月末というなんとも忙しい時期に開催された会議だったということはあるだろう。けれども、せっかく京都で開催されるのだから、日本の中国史の存在価値を示すセッションが組織されるのかと思っていたら、そんな様子も見られなかった。これはとても残念なことのように思われる。現在のところ、私は、日本の中国史は、英語・中国史と中国語・中国史の双方に眼を配りながらなんとか生き残っていくしかないと考えているからである。

そして、これは、研究という個人的な営為の問題であると同時に、やはり学界・学会なり学校と言う組織の問題であるように思われる。学界（重ねて言えば中国史には学会がない）や学校に対して影響力を行使するにはいささか力が足りない。とすれば、自分が適切だと信じる方法によって、研究と研究発信をしていくしか、さしあたってよい方法は見つからない。

いくつかやり残した仕事を明らかにしておくと、一つは、「理系中国」への貢献である。自然科学の領域、例えば、医学・衛生学、農学、生物学などの分野にも中国をフィールドとし、広い意味での中国研究者と思われる方々がいる。この間、こうした研究者とつきあってきて、たいへん印象的な経験も多く、農学とか生態学とか、あるいは、現在の私が関わっている医学や衛生学などの領域の研究者に対して学問的な知見を提供することが出来れば、日本の中国研究の意味は大きいのではないかと感じるようになった。

こうした領域の研究者と付き合っていて印象的なのは、専門が農学であり、衛生学である中で、たまたま対象として中国に取り組んでいる、というスタンスだということである。歴史学の場合、どうしても、中国史から入って歴史学を選択することが多いのではないか。その意味では、こうした理系の研究者にとって、中国は特別な存在ではない。つまり、中国は一つの研究対象にすぎず、ある種の学問体系によって分析されるべき対象の一つでしかない。だからわかることもあるように思う。

付き合い方のコツもわかってきた。別の領域の研究者と意見交換するときに注意しておくべきこととして、「ああでもない、こうでもない」という議論はしないことである。ある問題に対して、定説というか広い意味での了解事項を示す、それ以上のことは仮説として言ってもいいが、議論の前提とはしない。それがわかってからは、かなり普通におつきあいが出来るようになった。

総合的な学問としての中国史学が、理系中国の知見に対して貢献することが出来れば、そしてそれを英語なり中国語で発信することが出来れば、「中国史は亡びないかもしれない」、というのが現在の実感である。

三　中国その特殊性と普遍性

〈初出〉『旅ニュース（株式会社二十一世紀旅行）』№50（二〇〇九年九月）所収

今から二〇年以上も前のこと、私は大学院の学費を中国旅行の添乗員のアルバイトで稼いでいた。学生の身には割のいいアルバイトだったと思う。けれども、添乗員はある意味で二四時間勤務だから（幸いなことに深刻な事件にはほとんど遭遇しなかったが）、多少はいいこともないとね……。

最初に添乗員のアルバイトをした時、今でも付き合いのあるOさんがいろいろ面倒を見てくださり、その後の仕事の依頼も大学院生ということでかなり気を使ってくれたらしく（中国語を多少は使えるということもあったかもしれない、添乗だけではなくそうした役回りもあった）、戦争中に中国で暮した方々の訪中団とか、屌上げの団体とか、目的意識のかなりはっきりとした団体旅行への添乗が中心だった。外国旅行で普通に注意しなければならないこと、また、団体旅行のそれに慣れるとわずかながらも自信が持てるようになった。

まあ、それでもいろいろなことがありました。香港の税関で賄賂を渡したのはなかなかいい経験でした……。その甲斐あって、私は、はじめての外国でも苦にせず一人で出かけられるようになった。けれども、添乗員の経験にもとづく多少のトラウマもある。パスポートなどの所在がいつも気になるとか、交通機関のトラブルが心配、などなど。

そんな中で、感じることの一つに、「中国は特殊か」という大問題がある。留学、大学院で中国史を専攻したこともあり、私の外国体験は、ある時期まで大陸中国ばかりだった。だから、外国を中国を基準として見ることになった。そして、人間の想像力はそれほどでもないから、自分と比較してしか他者を認識できない。その意味で、必ず中国と日本を比較する。その結果、ある種の中国観が出来上がる。

後に、私は、東南アジアとか欧米などにもよく出かけるようになった。わずかではあるが、南米やアフリカへの機会もあった。そこで感じたことは、どこもそれなりに特殊で、日本とも中国とも違っているというごくあたりまえのことであった。どこにでも、人々の暮らしがあり、安全なところと危険なところがあり、また、「高くて不味い」食い物もあれば、「安くて旨い」食い物もある。そんな視線で中国をながめはじめると、最近の私には、中国がそれほど特殊なところとも思えなくなってきた。

中国にはたしかに理解しがたいところがある。例えば、日本は世界のなかにあるが、中国にとっては、中国と世界があるとか……。とはいえ、日本もかなり特殊かもしれない。私は、南アフリカに行ったときに、日本にいる外国人の気持ちがはじめて理解できるような気がした。何せ、アジア人がとても少なくて、本当に目立つのです。

現在、私は外国というと中国と台湾が半分、その他の外国が半分くらいの割合になっている。中国では依然としてそれなりの緊張感を感じるのだが、それはたぶん言葉がわかるからだと思う。ごく普通の旅行者には見えないもの、聞こえないもの、あるいは見なくてもいいものや聞こえなくてもいいものも目に入り、耳に入ることからくる緊張感。けれども、もしかしたら私にとって日本もそうした社会かもしれない。

「中国はどんな国か」はよくある質問で、これは大学で教えているときにもよくある。でも、考えれば考えるほど、答えに窮する。結局のところ、「中国は……」という主語を使わないようにすることが大切なのではないか。「特殊という普遍」と説明するとなんとなく言葉の遊びのようだが、まずは自分で行って確かめてください、というのが大学の教員としてのスタンスである。

それにしても、最近の学生はあまり外国に行きたがらないことが心配の種である。おっと、「最近の学生は……」という言葉も私たちには禁句の一つでした。

（付記）

この文章を書いてからかなりの時間がたったし、大学院生だった時期もはるか昔、前世紀のことなので確かめようがないが、記述に不正確なところがあった気がする。賄賂を渡したのは香港入境の際に税関に渡したのか（さすがにそれはないかも）、あるいは香港から日本に戻るときに、飛行機会社にオーバーチャージを払う必要があって、でも、そのお金がチェックインカウンターのスタッフの懐に入ったのか、いまとなっては記憶が定かではない。

賄賂と書いたが、そうしたこともあるよね。それが適切に処理されない日本の社会の方が少数派なのではと思うが、どうだろうか。「気持ち」ってあるよね、その方がいろいろスムースに行くように思います。渡すべき金額が決まっていないので面倒かもしれないが、目立たないように格好良くそれを渡せるようになりたいと思う。「気持ち」の渡し方として、握手する時に、手のひらにお金を偲ばせるのはよくある方法だが、これが意外に難しい。考えてみると、どのくらい「気持ち」を渡すのが適切なのか、場面場面で判断できるというのが、ある社会を理解しているという基準なのかもしれない。

四　「日本と中国は漢字によって隔てられている」

〈初出〉「生態（せいたい／sheng tai）」ということば『SEEDer（シーダー）（総合地球環境学研究所）』No.4（二〇一一年三月三一日）、九四～九五頁所収

歴史と現在の対話

二〇一〇年一一月二日、雲南大学で「西南中国の開発と環境・生業・健康」国際シンポジウムが開催された（主催：総合地球環境学研究所中国環境問題拠点、雲南大学西南少数民族研究センター）。私も報告者として、「住血吸虫vs.人　歴史と現在の対話」と題する報告をおこなった。標題の住血吸虫とは日本住血吸虫症を引き起こす寄生虫で、オンコメラニアという巻貝が中間宿主になる。つまり、この寄生虫病は、この貝が生息できる環境のもとでのみ流行する。中国では、今から二〇〇〇年以上前の墓である馬王堆に眠っていたミイラからこの寄生虫が発見された。三国志に有名な赤壁の戦いで、圧倒的な物量をほこった曹操の水軍が諸葛孔明の軍隊に敗れた原因は日本住血吸虫症だったという説もあ

る。

私が、シンポジウムで日本住血吸虫症をとりあげたのは、雲南もその流行地だったからである。一九五〇年代から本格化した対策が功を奏し、その抑制はかなり進んだ。ただし、一部の地域では依然として患者が発生している。その背景には、寄生虫や巻貝をとりまく生態と同時に貧困などの社会的要因もある。その抑制には、さまざまな知見が必要になるが、中国が系統的に蓄積している公衆衛生行政関係の公文書などの資料はたいへん役に立つ。

現在の私の主要な関心は、感染症（日本住血吸虫症もそのひとつ）が、いったいどのような状況のなかで流行したのかを歴史的に明らかにし、それを歴史として説明すると同時に、歴史資料を対象とする記述疫学的な手法によって、予防医学や公衆衛生などの領域と対話することにある。現実と距離を置くことに歴史学の価値を見出す立場もある。私は、この立場を尊重するが、現在との緊張関係を意識できる問題群も少なくない。総合地球環境学研究所の「熱帯アジアの環境変化と感染症」プロジェクトへの参加を通じて、関心を東南アジアにも広げるようになった現在、私は、歴史と現在の対話への意識をより強く持つようになった。

「生態（せいたい）」と「生態（sheng tai）」

このシンポジウムで印象に残ったのは、「生態」という言葉をめぐる問題である。報告や討論は見事な同時通訳によって進行したが、私は、中国語の「生態（sheng tai）」と日本語の「生態（せいたい）」

がはたして同じなのかという疑問を抱いた。

その背景には、シンポジウムの直前に梅棹忠夫『文明の生態史観』（私が見たのは、中央公論新社、一九九八年改版）を読み返していたことがある。二〇一〇年七月に梅棹（敬称略す）が亡くなったことをきっかけに、私はいくつかの著作を読み返して、それらがほぼ五〇年前に書かれたものであるにもかかわらず、現在でも価値を失っていないと感じていた。もっとも、中国への評価は独断に満ちている。死去直後に出た『梅棹忠夫　語る』（日本経済新聞社、二〇一〇年）でもその舌鋒は衰えていない。

シンポジウムののち、これまた古典となっている梅棹忠夫・吉良竜夫（編）『生態学入門』（講談社学術文庫、一九七六年、もともとは思想の科学研究会（編）『人間科学の事典』河出書房、一九五一年）を読み返した。それによると、Ecology という言葉は、ドイツの生物学者ヘッケル（E.Haeckel）がギリシア語の oikos（家）からつくったものである。日本語で生態学という言葉をはじめて使ったのは植物学者の三好学であった（『生態学事典』共立出版、二〇〇三年）。

ところで、中国語の「生態」は、日本から中国に入った（大東文化大学中国語大辞典編纂室『中国語大辞典』）。一九世紀末から二〇世紀初期、多くの語彙が日本語から中国語に取り入れられた。じつは、寄生虫もそのひとつである。

それでは、「生態（学）」を日本語から中国語に導入したのは誰か、いったいどんな文脈なのか。この文章でそれを明確にできればよかったのだが、まだ解決していない。ただし、その導入は、他の言葉に比べて遅かった。北京の中国国家図書館のデータベースによれば、一九五〇年以前に生態学という言葉が書名に入っている中国語の本は三冊だけである。そして、いずれも一九三〇年代の日本語の書籍の翻訳である（川村多実二『動物生態学』岩波書店、一九三一年、翻訳が二種類、矢野宗幹『昆虫類：生態学』岩波書店、一九三三年）。ちなみに、一九五〇年代には生態学を標題とする書籍の刊行が増えるが、ロシア語からの翻訳が多く、時代を感じさせる。

「日本と中国は漢字によって隔てられている」

中国語の「生態（学）」ということばはごく最近まで一般的ではなかった。このため、『辞海』（この辞典は、しばしば広辞苑と比較される）の一九六五年版には項目として「生態（学）」はない。「生態」という言葉をどこでも目にするようになったのはここ一〇年ほどのことだろうか。意味がわからなくて驚かされた経験がある。「生態都市」はエコ・シティだろうが、これはまだよい。最近では、「生態停車場」などとなんでも「生態」を使う。環境にやさしいエコ・パーキングということだろうが……。日本語でもなんでも文化をくっつけて、「文化住宅」とか「文化干し」という、ちょっと意味がわからない表現を多用したことがあるのと同じ論理かもしれない。

私は、シンポジウムのあいだ、他の報告者の報告や討論を聞きながら、中国語の「生態」の意味を考え続けたが、しだいに混乱した。それは、論者によってその意味が異なって使われる場合があったからかもしれない。また、「生態」と「環境」の関係をどのようにとらえているのかということも疑問に感じた。ごく単純化していうと、「生態」のなかに「環境」を位置づける論者と「環境」のなかに「生態」を位置づける論者の両方があると感じられた。そして、日本語と中国語でニュアンスが異なって使われているようにも感じられた。『文明の生態史観』は、三聯書店上海分店から一九八八年に中国語訳がでているが（タイトルは『文明之生態史観』）、もし、読者が現在の語感でそのタイトルをイメージしたら、大きな誤解が生じる可能性もある。

中国では、最近あふれるように「生態」という言葉を使った書籍が出版されている。中国でこれほど「生態」という言葉が氾濫する時代が来ようとは梅棹も予想しなかったに違いない。けれども、それは梅棹のいう「生態（せいたい）」ではなく、あくまでも「生態（sheng tai）」なのである。敢えて言おう、「日本と中国は漢字によって隔てられている」。このことを中国研究はつねにどこかで意識しておく必要があるのである。

（付記）

本書に収録するに際して改題した。題名とした「日本と中国は漢字によって隔てられている」とは私がよく使う言葉である。つい最近まで、私は、文学部史学科の学科長＝主任だったり、大学院の専攻主任だった。そのことを中国人の友人に話すと、一様に「めでたい」と言う。何がめでたいものか、日本の「主任」は最下級の管理職で、学科の行政全般の責任者でありながら、たいした権限もなく、雑用万事引き受け係だからである。中国語の「主任」はまさに実権を持つ者だから、まったくニュアンスが違う。このことを学科の宴会で喋ったのだが、いまひとつ受けが悪かった。まだしばらくの間は、日本と中国は漢字によって隔てられたままの状態が続くに違いない。

五　Yさんと中国の現代史

〈初出〉『ＵＰ（東京大学出版会）』第三八巻、第八号（二〇〇九年八月五日）、四一～四七頁、所収

「中国」と出会う

中国史をどうして研究することになったのか、という学生からのごく自然な質問に答えることは大学教員としての義務の一つかもしれない。私の場合、比較的はっきりしていて、中学と高校のときに、ＢＣＬ（Broadcasting Listening）と呼ばれていた海外放送の受信を趣味にしていたことが直接のきっかけとなった。

北京放送の日本語放送は、モスクワ放送などとならんで社会主義国の宣伝放送だったから、安物のラジオでもよく聴こえた。後にちょっと値段の高い性能のいい機種を手に入れたので、中学と高校のあいだずっといくつかの海外放送を聴いていた。受信報告書なる手紙を送り、ベリ・カード（Verification Card）という受信確認証やその国の絵葉書などをもらって喜んでいた。ちなみに、北京放送局からは流暢な日本語の手紙（「林彪批判、孔子批判の運動を展開中…」などの文言が踊っているもの）ととも

に、中国の風景をバックにしたカレンダーや中国土産の定番の一つであった切り絵などが送られてきた。おのずと、北京放送をよく聴くことになった。つまり、宣伝効果は高かったということ。この文章を書くために調べてみると、最近、私たちの世代を中心に（私は一九六〇年生まれ）、BCLの人気が復活しているらしい。

大学進学では、中国語を学ぶことも考えたが、離島の教師への憧れもあって、教育学部に進んだ。但し、北京放送によって「洗脳」されていた私は、中国への関心捨てがたく、結局、中国史を学ぶことになる。

留学という体験

中国についてはかなりの耳年増だった私は、すぐに教師になるのもどうかなあという思いを抱き、結局、中国への留学、大学院への進学、そして現在に至るという道をたどった。

私の中国体験は、北京放送を通じて一九七〇年代に始まった。中国が文化大革命にゆれた時代であり、その後、中国共産党は改革・開放路線へと大きく舵を切った。一九八九年の天安門事件などの紆余曲折をへながらも、中国は、現在、世界の行方を左右する大国となった。一九八〇年代初期に留学した私にとって、変化の大きさを実感する。同時に、個人のレベルではそれほどかわらないなあと思うところもあって、私の中国理解はなお発展途上である。

一貫してこだわってきたのは、自分と対象としての中国（人）との距離である。そうした想いを強く抱くようになった印象的な出来事がいくつかある。今回の『シリーズ二〇世紀中国史』の企画によせて、そのうちのエピソードを一つ書きたい。

Yさんとの出会い

私がYさんとはじめて出会ったのは、一九八三年のこと。それは、北京から上海への急行列車の車中であった。漠然と経済史を勉強したいと考えていた私は、「経済史ならば上海」という思い込みで、それではどの学校が適当なのかという問題を解決すべく、留学半年にして上海を訪れる一人旅に出たのである。こう書くと、何かアカデミックに聞こえるが、実は宿舎の状況はどうとか、日常生活レベルの条件の確認である。何せ、インターネットなんてなかったからね。

北京・上海間の列車、一五時間ほどかかっただろうか。Yさんと出会ったのはその車中だった。当時の中国では、外国人は珍しい存在だった。ちなみに、私が乗っていたのは二等寝台＝「硬臥」、つまり安いほうの寝台列車である。けれども、「硬臥」を二等という感覚でとらえてはいけない。人民大衆は座席だけの列車＝「硬座」に乗ることが普通で（もっとも自由な旅行などままならない時代であったが）、この車両に乗っていたのは出張族、すなわち、所属している機関や会社＝「単位」が切符を購入してくれるような人たちだった。なお、この時期には外国人料金があって列車などはほぼ倍のお金をとられたが、留学生はそれを免除されていた。

外国人、日本人、一人旅とわかった同乗の人たちは、タバコをすすめ（当時、私は喫煙者だったので平気だったが、そうでない人は車両が煙くてたいへんだっただろう）、機関銃のように私に質問を浴びせた。「その時計はいくら？」などという質問も多かった。但し、上海語。北京語もおぼつかない私が上海語などできるわけがない。このとき、上海語を北京語になおしてくれたのがＹさんだった。

翌朝、上海駅に到着、私が宿泊するつもりだった上海音楽学院（あくまで予定であり、泊まれる保証は全くない、当時、留学生の間では上海での宿泊場所として有名だった）までの行き方がわからず、うろうろしていると、Ｙさんは道順が一緒だからといって、上海音楽学院まで送ってくれた。バス代も彼女が払ってくれた。なぜか値段をよく覚えている。イーマオ・ウー、すなわち、〇・一五元。当時、中国元一元は日本円で一三〇円ぐらいだった。

それから半年ほどして、私は、北京から上海の大学に移った。中国での引っ越し、これは実にたいへんだったのだが、本筋ではないから省く。それから上海での一年間、私はＹさんの家に入り浸った。学校のある五角場からＹさんの家まで、外灘（いわゆるバンド、かつて上海といえば租界時代の建物のたち並ぶバンドがその象徴であった。ところが、ある時期からニュースなどで上海を映すとき、背景が「東方明珠塔」という品がいいとは思えないテレビ塔になった。つまり、上海の象徴はもはや浦東になったということ）経由のバスで一時間半ぐらいかかった。それでも、通い詰めたのは、旨いものにありつけたからである。

Ｙさんの家族

Ｙさんは、「話劇」、すなわち新劇の女優だった。生まれは蘇州で、まさに蘇州美人。一九三〇年生まれと記憶している。つまり、日本軍占領下の蘇州で生活した経験があるわけだが、そのあたりの話は避けていた。はやくから女優志望で、しばらく香港にいたこともあったらしい。周恩来と一緒に撮った写真が部屋に掛けてあった。

夫のWさんは、Yさんよりもすこし年上で、人民解放軍の空軍の将校だった。私は職業軍人と接するのは初めてで、どんな話をしていいのかわからなかったが、とてもやさしい温厚な人物だった。台北に行ったことがあるという話題になって、それはどういうことかと尋ねたら、もともと国民党軍の空軍にいて、後に人民解放軍に加わったのだという。江西省の南昌の出身とのことだった。

二人には息子が一人いた。これもWさんと書かねばならないのだが、父親のWさんと区別するため、以下、W君と書く。彼は、私よりも一つ年上だった。何をしているのかどうにもよくわからなかったが、Yさんの関係で演劇関係の仕事をしていたらしい。すでに結婚していた。とても綺麗な奥さんで、最初は妹かと思っていた。すこし、がっかりした。けれども、のちに離婚してオーストラリアに移民したという。これはしばらくしてから聞いた話。

Yさん一家はW君の奥さんを除いてはみなヘビー・スモーカーだった。私がご飯をご馳走してもらう代わりにしていたのは、外国タバコを買うことだった。一九八〇年代初め、外国タバコは外貨兌換券でないと買えなかった。私は友誼商店経由で外国タバコを買い、その代金を人民元で受け取った。当時はまだそれほど多くはなかったが、外貨兌換券は闇で人民元と交換されていた。つまり、Yさん一家は私を通じて外国タバコを手に入れていたのである。当時一カートンでだいたい二〇元（外貨兌換券）程度したから、外国タバコはぜいたく品だった。ちなみに外貨兌換券の流通は、一九九五年に停止されている。

W君は、私が帰国する頃、香港に行くことになった。一九八〇年代初め、中国での生活に見切りをつけ、香港や外国に行く人々がしだいに増えていた。留学もその重要なルートであった。もちろん、誰にでもそれが出来たわけではない。結局、両親のコネを使ったようである。彼が上海での生活に見切りをつけた理由の一つは、学歴がないということだったと想像できる。W君は、文化大革命の時期の教育の混乱の影響をかなり受けていた。Yさん、Wさんは、ごく普通に大学に進学し、そして留学という経験を享受している私とW君を比べたはずである。何かあったときのためにということで、YさんはW君には内緒で、人民元を香港ドルに換えてくれないかと私に相談した。それはけっこうな金額だったのだがなんとか交換できた。

Yさんの一家に出会ったことは私の上海での一年の生活をとても潤いのあるものにしてくれた。Yさん一家は、ある意味で留学生としての私を利用したが、単なる打算ではなく、会話に暖かさを感じた。その上でのギブ・アンド・テイクであった。留学生にとって、その国の正月などが実は一番寂しい時期である。家族を単位とする行事が行われるからである。Yさん一家は正月に私を家によんでくれた。また、留学を終えて帰国する私に、綿入れをつくってくれた。正確に言うと、これは綿の代わりにラクダの毛の入ったものだった。

その後のYさん一家

日本に帰国してからもYさん一家とのつきあいはしばらくのあいだ続いた。大学院の時期や就職してからも上海に行くとYさんの家を必ず訪ねた。あるときから、Yさんは栗羊羹が好きだということがわかり、手土産に困らなくなった。Yさんの家は、私が上海にいたときは、旧フランス租界の武康路にあった。その家は、租界時代以来の建物の一室で2DK、家族四人ではかなり手狭だったはずである。シャワーだけだったと記憶する。その後、家は郊外に移り、かなり広くなった。YさんやWさんはともに幹部だったから生活には困っていなかった。でなければ、W君を香港にはやれない。W君とは、その後、香港で何度か会った。一番驚いたのは、ある映画を観ていて、彼がかなり重要な役で出演していたことである。その映画のパンフをすぐに上海に送った。

そんな次第で年に一度はだいたいYさん一家と会っていたが、私が帰国して数年してから、Yさんが日本に来ることになった。巴金の『家』をもとにした芝居の日本公演である。そのとき、Yさんに実家に来てもらった。母親は、上海で私に栄養補給をしてくださった恩人ということで、たいへんに感激かつ張り切ったのだが、実際には、日本食は口にあわなかったらしい。水餃子（手作りではあったが）ばかり食べていたことを思い出す。だが、水餃子は北のものだから、上海や蘇州のたべものではない……。実家に来るとき、恥ずかしそうに「団体行動で、日本円を一円も持っていないのよ……」といったことがいまだに耳に残っている。そして、劇団の女性が一人、一緒に来た。それはYさんが自らの行動を明確にしておくという意味であったのかもしれない。一九八〇年代はまだそうした時代だった。

Yさんの死、W君の死

ある時期からYさんが体調を崩して入院していることは承知していた。妻が上海に行くというので見舞いを頼んだところ、元気そうだったと聞いてすこし安心していた。けれども、しばらくしてW君から突然電話をもらい、Yさんが亡くなったことを知った。六四歳とのことであまりに早い死であった。墓は蘇州とのこと。

Yさんも亡くなってしまい、W君も香港での生活を続けていたから、Wさんのお宅を訪ねることはだんだんに少なくなっていた。けれども、一昨年、突然、Wさんから連絡をもらい、久しぶりにお会いすることが出来た。そして、そこではじめてW君が香港で癌のために亡くなったことを知らされた。私に連絡したこととそのことは多少の関係はあるかもしれない。

シリーズを編むにあたって

私は、Yさんの家で、当時、日本人女性の代名詞の一人であった山口百恵（「赤い疑惑」＝中国語では「血疑」がテレビ放映されて上海人に人気だった）のことを話題にしながら、上海の家庭料理をご馳走になった。印象的なことの一つは、Yさん、Wさん、W君そしてその奥さんがいれかわりたちかわり料理をしていたことである。W君の料理の腕もなかなかであった。それが一九八〇年代の中国のごく普通の家庭のことであったのか、それとも、女優としてとても有名で（亡くなったときの訃報には、中国民主同盟員、中国戯劇家協会理事、国家一級演員とある）、夫も人民解放軍の将校という都市部のエリート家庭のことなのか、ちょっと判断ができない。けれども、それは、すくなくとも二〇世紀前半の中国にはなかったことに違いない。

その後、一九九〇年頃になると、Yさんの家にはお手伝いさんがいた。その女性の出身地は安徽省とのことだった。お手伝いさんとして出稼ぎに来る女性の出身地として安徽省は昔から有名だった。

ここまで書いてきたことは、あまりに私的なことがらである。けれどもあえてそれを書いたのは、私の経験したさまざまなことがらが、二〇世紀後半における中国の社会の大きな流れの中で生起したことを読者に伝えたいと考えたからである。人はその時代から超然としていることはできない。

一九八〇年代以降の改革・開放の時代の中国の変化は巨大であった。そして、それが個人の生活に与えた影響もとても大きかった。それらをすくい取ることのできる研究や歴史叙述が必要である。それは、今回の『シリーズ二〇世紀中国史』を編集する大きな動機であった。

中華人民共和国成立六〇年、前半の社会主義を志向した三〇年、後半の改革・開放の三〇年、その意味をほんのわずかではあるが、私はYさん一家との出会いを通じて共有することができたように思っている。

（付記）

この文章は講座本の刊行にあわせて書いたものである。再録するにあたって、中国語のグーグルにあたる「百度」で検索してみると、ほんの少しだがYさんのことが出てきて、しばし感慨にふけった。情報によると、一九六一年制作の『枯木逢春』にも出演していたらしい。これは有名な日本住血吸虫症をめぐるプロパガンダ映画で、不明を恥じる次第である。

また、関連して、早逝が惜しまれるW君がYさんの息子だったという記事も出てきた。記事によると、W君もYさんと同様に肝臓がんで亡くなったらしい。その記事には、W君は、一九六二年生まれとあるが、これは間違いのように思える。確か一歳年上だというので、俺が兄貴分だと言っていた記憶もある。そうしてみると、『枯木逢春』が制作されたときには、W君が生まれていたはずである。いずれにしても、ぜひ見てみないといけない。

『赤い疑惑』についても興味ある記述を読んだ。四方田犬彦によれば、中国人が熱狂したのは血統を描いたこの物語が文革による家族の分断と破壊、その回復を示唆していたからだとされる（『日本映画と戦後の神話』岩波書店、二〇〇七年、一七五頁）。テレビを見ていた時のYさん一家の様子が思い出される。しかし、当時の私にはそうしたことはまったく思い及ばなかった。

Ⅱ　医療史の課題——感染症の歴史学

一　「歴史疫学」の世界

〈初出〉飯島渉「〝歴史疫学〟の世界―日本におけるマラリア、日本住血吸虫症、フィラリアの制圧とその経験の歴史化」『医学のあゆみ』No.258、二〇一六年七月二三日、三三〇～三三八頁（北潔編集『グローバル感染症最前線―NTDsの先へ』別冊・医学のあゆみ、二〇一七年五月、二〇～二八頁に再録）

政治的課題としての感染症

伊勢志摩サミット（二〇一六年五月二六～二七日）では、G7に国際機関とインドネシア、スリランカ、チャド、パプアニューギニア、バングラデシュ、ベトナム、ラオスを加えた拡大会合で、感染症をめぐる緊急事態に対処するための基金として、世界銀行に「パンデミック緊急ファシリティー」を設立することが合意された。また、すべての人々が負担することが可能な費用で適切な医療にアクセスできる「ユニバーサル・ヘルス・カバレッジ」の実現への支援、ＮＴＤｓへの研究の促進も合意された。(29)この背景には、エボラ出血熱やジカ熱などの新興感染症の発生、ＷＨＯなどの対応の遅れが感染拡大につながったとの認識がある。日本にとって、今回のサミットの最大の課題は、世界経済の低迷と中国の海洋進出への対応であった。しかし、この問題でのＧ７の利害は錯綜している。こうした中で、感染症をめぐる課題は、Ｇ７が一致しやすいテーマの一つであった。(30)

橋本イニシアティブの記憶

感染症対策をはじめてサミットの課題としたのは、日本である。一九九七年のデンバー・サミットで、当時の橋本龍太郎首相が国際的な寄生虫対策の必要性を提唱し、一九九八年のバーミンガム・サミットで、「二一世紀に向けての国際寄生虫戦略―国際寄生虫対策報告書―」を提唱した。(31)いわゆる、橋本イニシアティブである。この提言は、さまざまな寄生虫病の克服の経験を持つ日本が、それを基礎にして国際保健において積極的な役割を果たすべきとの提言であった。背景には、非軍事的な貢献を通じて、日本の国際的プレゼンスを高める意図があったと考えられる。

二〇〇〇年の沖縄サミットでは、二〇一〇年を目標に、エイズは若者の新しい感染を二五％減らすこと、結核とマラリアは患者や死者を半減させるという「沖縄感染症イニシアティブ」を採択し、(32)世界エイズ・結核・マラリア対策基金が設立された。以後、グローバル・ファンドが感染症対策において大きな役割を果たすようになった。二〇〇八年の洞爺湖サミット（当時はＧ８）でも、保健専門家会合の提言として、国際保健への提言がまとめられた[33]。

国際保健における日本の役割に関しては、国際的にはかなり認知されている[34]。むしろ、日本国内での認知度が必ずしも高くないことは残念なことである。こうした中で、イベルメクチンの開発によって大村智北里大学特別栄誉教授とウィリアム・C・キャンベル氏、また、抗マラリア薬の開発によって屠呦呦教授が二〇一五年度のノーベル生理学・医学賞を受賞した。これらがきっかけとなって、NTDsや国際保健、また、日本の研究や国際協力への関心が高まることを願っている。

感染症の抑制と日本の経験

二〇世紀の日本は、感染症や寄生虫病の抑制において豊富な経験を持っている。二〇一四年から開

(29)『朝日新聞』、二〇一六年五月二八日、朝刊。
(30)なお、保健関係の大臣会合は、二〇一六年九月一一～一二日に神戸で開催された。
(31)厚生省保健医療局国際寄生虫対策検討会『21世紀に向けての国際寄生虫戦略—国際寄生虫対策報告書』一九九八年五月。
(32)外務省　http://www.mofa.go.jp/mofaj/press/pr/pub/pamph/pdfs/okinawa.pdf
(33)外務省　http://www.mofa.go.jp/policy/economy/summit/2008/doc/pdf/0708_09_en.pdf
(34)Andy Crump: Japan plays leading role in global public health issues, *The Japan Times*, May25-27 (special version or G-7 summit), 2016.

催されている日経アジア感染症会議（日本経済新聞社などの主催）は毎年ステートメントをまとめており、公衆衛生や国際保健の課題を示している。第一回会議は沖縄で開催され、日本の感染症対策や公衆衛生制度、例えば、沖縄でフィラリアやマラリアを制圧した経験を基礎に、日本は大きな貢献が可能であること。ワクチン開発などの感染症の制御において、日本の基礎研究の応用の可能性は高く、アジアとの連携を深め、多層的ネットワークを構築するために、沖縄はセンターとしての役割を果たすことができるとしている（沖縄ステートメント二〇一四）(35)。

感染症データ・クライシス

たしかに、二〇世紀の日本は、多くの努力を重ね、さまざまな感染症や寄生虫病を抑制することに成功した。しかし、その経験を示すデータがきちんと整理・保存されているかといえば、残念ながら十分ではない。むしろ、データは、危機的な状況（感染症データ・クライシス）にある。その背景には、現実の感染症研究の主たる関心が分子生物学的なワクチン開発に向けられるなかで（例えば、マラリアやデング熱に関する研究）、公衆衛生学的あるいは社会医学的な関心が薄れていることがある。

日本の経験を積極的に生かそうとするのであれば、データの整理と保存がきわめて重要である。実は、沖縄におけるフィラリアやマラリアの制圧にいたる経緯を示すデータの系統的な整理と保存は行われていない。日本の寄生虫対策を担った寄生虫予防会も数年前に解散した。しかし、その活動を示すさまざまなデータや資料を整理・保存する仕組みがないため、基礎的資料も散逸の危機にあるといってよい[36]。

感染症などに関するデータがどこでもネグレクトされているかと言えば、そうではない。ここでは、米国のピッツバーグ大学が構築中の Project Tycho を紹介したい。このデータベースは、一八八八年以後のアメリカ合衆国における感染症の流行（感染や死亡）のデータを、州単位で提供している。現在集積されているデータは、アメリカ合衆国内にとどまっているが、将来的には、外国の感染症データを提供する計画もあるようだ[37]。

繰り返しになるが、二〇世紀の日本は、感染症や寄生虫病との闘いの中で輝かしい実績を残した。水道事業の整備によるコレラの抑制、結核対策、学校保健を基礎とする寄生虫対策、マラリア・日本住血吸虫症・フィラリアの制圧など。そのため膨大な感染症や寄生虫病に関するデータが蓄積された。その経験は、諸外国の感染症や寄生虫対策の参照軸となるであろうし、国際保健や安全保障にも意味のあることなのだが、肝心のデータを整理して保存しようとする発想が欠如しているのである。

（35）日経アジア感染症会議ＨＰ
http://ac.nikkeibp.co.jp/bio/okinawa0214/pdf/OkinawaCommunicableDiseasesStatement2014.pdf

（36）飯島渉「感染症データのアーカイブ化とその利用の可能性」総合地球環境学研究所『SEEDer』一一号、三六〜四二頁、二〇一四年。

（37）http://www.tycho.pitt.edu/images/web3.png

「歴史疫学」の世界

表題に掲げた「歴史疫学」という言葉は、あまり耳慣れないものかもしれない。疫学（epidemiology）は、集団を対象として、疾病や健康状態などの原因や発生条件を統計的に明らかにする学問であり、数理モデルの構築が重要な貢献になる。人文学の中心にある歴史学とはもっとも距離があると意識されることが多い。しかし、筆者は、敢えて、「歴史疫学」（以下、「 」を外す）という表現を用いることで、歴史学が医学や公衆衛生学との共同作業を進めることが出来ることを主張したい。

ここで言う歴史学にはすこし説明が必要である。まず、医学史とは異なる。医学史は、ビック・サイエンスとしての医学の軌跡を明らかにする学問である[38]。歴史疫学は、それとはかなり異なったアプローチを用いる。次のように説明しておこう。天然痘はもっとも多くの人々を死に追いやった感染症の一つだが、種痘の制度化によって撲滅された。しかし、種痘という技術のみでは天然痘を撲滅させることはできなかった。種痘の普及のためには学校保健が大きな役割を果たし、また、歴史的社会的には女性の実施実績が常に低かったことも指摘しなければならない。そうした種痘をめぐる社会の現実に関心を寄せるのが医療社会史であり、データの整理と保存の方法として歴史疫学がある。

マラリアの制圧―その歴史学的な知見

日本列島や琉球列島では、古来、マラリアの流行があった。その顕在化は、農業開発（水田耕作など）と密接な関係にあった。そして、二〇世紀の日本のマラリア対策も諸外国と同じく、対原虫対策と対蚊対策の相克のもとにあった。

マラリアの原因や流行のメカニズムが明らかになるのとほぼ同時期に台湾を植民地とした日本は、台湾でマラリア研究を蓄積し（台湾総督府医学校から台北帝国大学が拠点となり、小泉丹と森下薫が中心となった）、対原虫対策に重点を置く対策を推進した。学理的には対蚊対策（環境改変）の重要性が意識されていたにも関わらず、コスト面での理由などから血液検査とキニーネの投与に重点を置く対策が選択された。他方、この方法は、マラリア流行地域の住民への悉皆調査をともなっており、対策は強制的に進められた。

マラリア対策を推進することが可能となった地域社会への管理と住民の自発的参加の程度は、これを歴史学的分析の対象としなければならない。また、台湾で進められたマラリア対策は、沖縄（特に、八重山と宮古）に導入された。これは、科学史的には植民地から宗主国への技術の還流という重要な事例である。

アフリカやインドを植民地化したイギリス、アフリカやインドシナ半島を植民地化したフランスが、植民地でマラリア研究を展開し、また、米国がパナマ運河の開削のためにマラリア研究を蓄積したように、日本は台湾を中心に植民地医学（colonial medicine）を蓄積し、その知見を帝国医療（imperial

（38）飯島渉「「医療社会史」という視角―二〇世紀東アジア・中国を中心に」『歴史評論』七八七号、二〇一五年、五〇～六〇頁。

medicine）として行政化した[39]。

八重山のマラリア対策

第二次世界大戦以後、ＤＤＴを本格的に利用したマラリア対策が各地で進められた。沖縄、特に八重山で進められた米軍主導のウィラー・プランは、国際標準化しつつあったＤＤＴの屋内残留噴霧による対蚊対策に重点を置いたものであった。

八重山におけるマラリアの制圧については、八重山保健所のマラリア対策の記録が沖縄県公文書館と八重山平和祈念館に保存されている。防遏対策に直接参加した黒島直規、那根武、吉野高善などの記録もあり、調査研究論文や新聞記事などを整理した『マラリア資料集成』[40]も刊行されていて、歴史的記録の整理という意味ではもっとも進んでいる。これは、マラリア対策の重要な事例である彦根のマラリア対策が、対策に参加した小林弘の記録にとどまることとは対照的である[41]。

マラリア制圧をめぐるデータのあり方

ウィラー・プランが進められたとき、沖縄は、米軍統治下にあり、ＵＳＣＡＲ（米国民政府）のもとで、琉球政府八重山保健所がマラリア対策を進めた。この結果、マラリア流行地における血液検査、キニーネやアテブリンの投与の記録、ＤＤＴ残留噴霧の状況などを示す行政文書が作成された。そして、その一部が、現在、沖縄県公文書館および平和祈念館に所蔵されている。沖縄県公文書館には、対原虫対策やボウフラを捕食するタップミノー（グッピーのような小魚―追記）の放流などを特徴とする第二次大戦以前のマラリア対策の記録もごくわずかであるが残されているので、これらを本格的に分析することによって、集落単位でのマラリアの流行状況、対策の推移、ウィラー・プランの下でのＤＤＴ残留噴霧の状況などを検証し、マラリア制圧に至る過程を詳細に再現することが可能である（写真１）。

八重山のマラリアの制圧に関する医学的、公

（39）飯島渉『マラリアと帝国―植民地医学・帝国医療と東アジアの広域秩序―』東京大学出版会、二〇〇五年。

（40）石垣市総務部市史編集室『マラリア資料集成』石垣市役所、一九八九年。

（41）小林弘『彦根市のマラリア対策』彦根市衛生課、一九五二年。

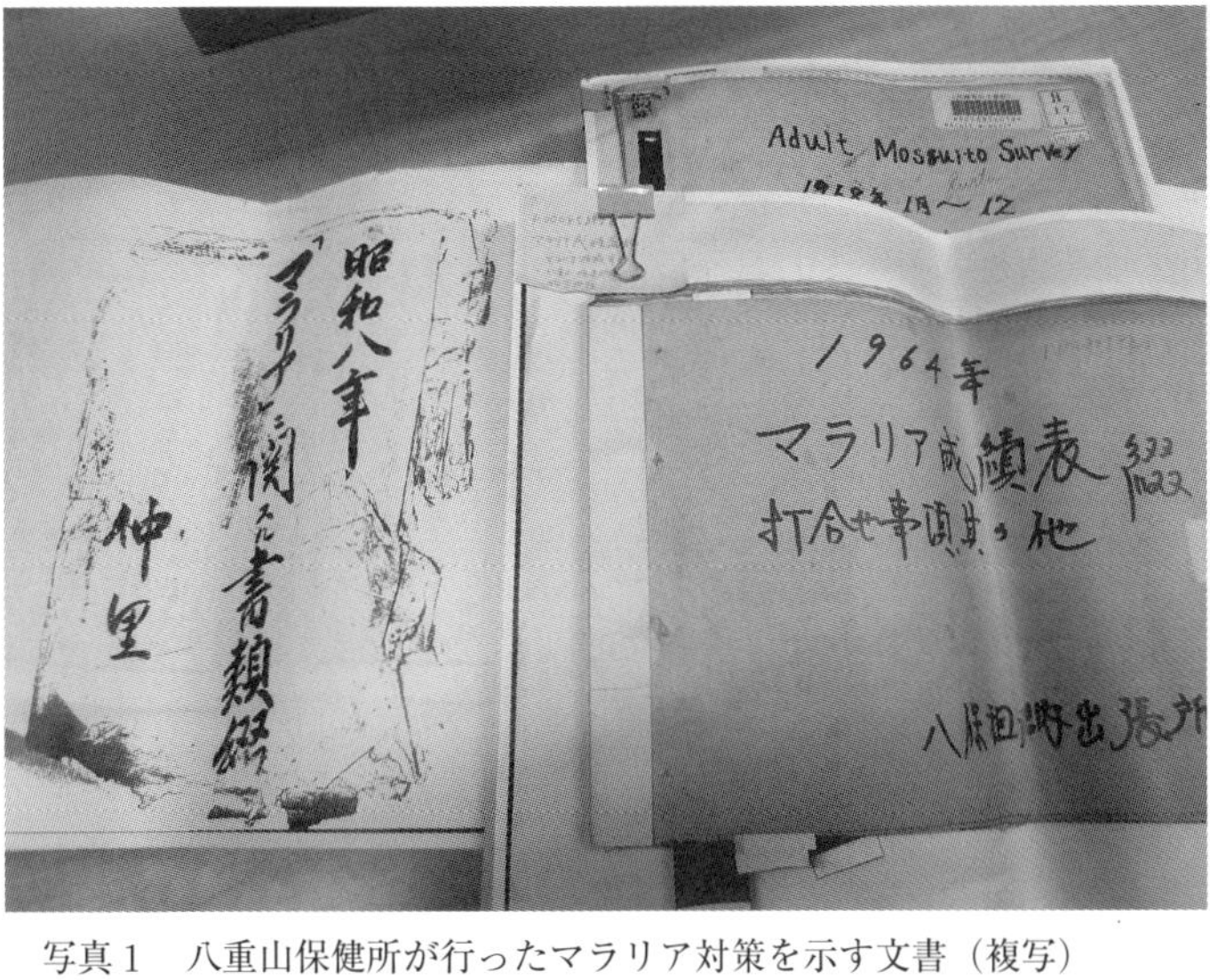

写真１　八重山保健所が行ったマラリア対策を示す文書（複写）

衆衛生学的知見は、大鶴正満[42]、多田功[43]に詳しく、これらの研究は、江下優樹[44]などの調査研究を参照している。焦点の一つは、ＤＤＴ残留噴霧による対蚊対策の有効性であるが、これを歴史学的な関心に引き付けてみると、マラリアの制圧に至る過程での住民の対策への参加の程度や第二次大戦以前の対策との継承性（断絶性）の問題を指摘できる。こうした社会的要因を含めて、数十年にわたる時間軸の中で、感染症や寄生虫病の抑制に至る過程を克明に再現することができる地域はきわめて稀である。こうしたデータを歴史疫学の対象として整理・保存し、対策に参加した人々の聴き取り調査なども含めて記録化することが出来れば、理論疫学などに対して重要な材料を提供することが可能である。こうした作業を、感染症や寄生虫病の抑制経験の歴史化と呼ぶことにしよう。

感染症データの歴史化

筆者は、二〇一五年一〇月から、慶應義塾大学の鈴木晃仁教授とともに、日本学術振興会委託研究「医学史の現代的意義―感染症対策の歴史化と医学史研究の社会との対話の構築」を進めている。鈴木教授が精神医学をめぐる歴史研究や社会との対話を担当し、筆者が日本における感染症や寄生虫病の抑制過程を示すデータの整理や保存を進めている。

今回のプロジェクトは、筆者が進めてきた医療社会史的な研究を発展させたもので、目黒寄生虫館や長崎大学熱帯医学研究所附属熱帯医学ミュージアムなどの全面的な協力のもとに、日本住血吸虫症とフィラリアという二〇世紀の日本社会が制圧に成功した寄生虫病にも注目し、データの整理・保存ともに、関係者からの聴き取り調査を進めている。

日本住血吸虫症と山梨メソッド

日本住血吸虫症は、桂田富士郎と宮入慶之助・鈴木稔によって、寄生虫である日本住血吸虫と中間宿主のオンコメラニア（宮入貝）が発見され、Schistosoma japonicum という学名が付けられたことに示されるように、日本における寄生虫学のシンボル的位置を占めている。その学名によって、中国やフィリピンにおいて日本住血吸虫症と日本軍の関係が指摘される場合がある。これ自体は事実ではないが、そうした言説の流布自体は、医療社会史の課題である。

日本吸血吸虫症の流行地であった筑後川流域、広島県の片山地方、甲府盆地では、抑制のためにさまざまな努力がはらわれた。その制圧がプラジカンテルの開発と導入以前であったことが大きな特徴である。山梨メソッドと呼ばれる溝渠のコンクリート化が進められ、オンコメラニア対策による日本

（42）大鶴正満「沖縄のマラリア—日本本土、近接する台湾と関連して」琉球大学医学部附属地域医療研究センター編『沖縄の歴史と医療史』九州大学出版会、一九九八年。

（43）多田功「日本における寄生虫防圧とその特質」*Tropical Medicine and Health,* Vol.36, No.3, Supplement, pp.49-67, 2008.

（44）江下優樹「琉球列島のマラリアとその撲滅対策の史的考察」『環境衛生』二九—四、二六〜三四頁、一九八二年、本論文は、『マラリア資料集成』にも収録されている。

住血吸虫症の抑制が図られたのである（写真2）。

日本住血吸虫症についても、疫学的データの多くは廃棄されてしまったが、山梨メソッドを確立した予防衛生研究所（現在の国立感染症研究所）の小宮義孝（一九〇〇〜一九七六）が収集した資料が小宮文庫として未整理の状況にあり、これを大前比呂思氏などの協力を得て、保全と内容の確認を行った（写真3 目録化と同時に、保全のための中性紙箱への入れ替えを進めた）。

小宮義孝は、一九五六年に中国を訪問し、中国共産党に対して対策の方法をアドバイスした。それは、山梨メソッドの導入であったが、中国共産党はこれを異なった文脈から解釈し、徹底した大衆動員（農民、学生および人民解放軍）によって、環境改変を進

写真2 山梨メソッドが導入された広島県片山地方の様子、オンコメラニアが生息できないようにするため溝渠のコンクリート化が進められた

写真3　国立感染症研究所の小宮文庫、目録化と保全措置、資料は現在、目黒寄生虫館に移管した

め、日本住血吸虫症の抑制を進めた。これは、政治運動として進められ、当時の中国社会に大きな影響を及ぼすものであった。中国では、この間の対策や動員の具体像を示す行政文書はほぼ完全に保存されている。(45)

ファラリアの抑制をめぐるデータ

フィラリアは、長崎、鹿児島、愛媛などで流行し、住民の夜間血液検査、ミクロフィラリアの保有者へのジエチルカルバマジン（DEC）の内服、すなわち、

(45)　飯島渉「宮入貝の物語—日本住血吸虫病と近代日本の植民地医学」田中耕司編『帝国「日本」の学知—実学としての科学技術』岩波講座第7巻、二〇〇六年。

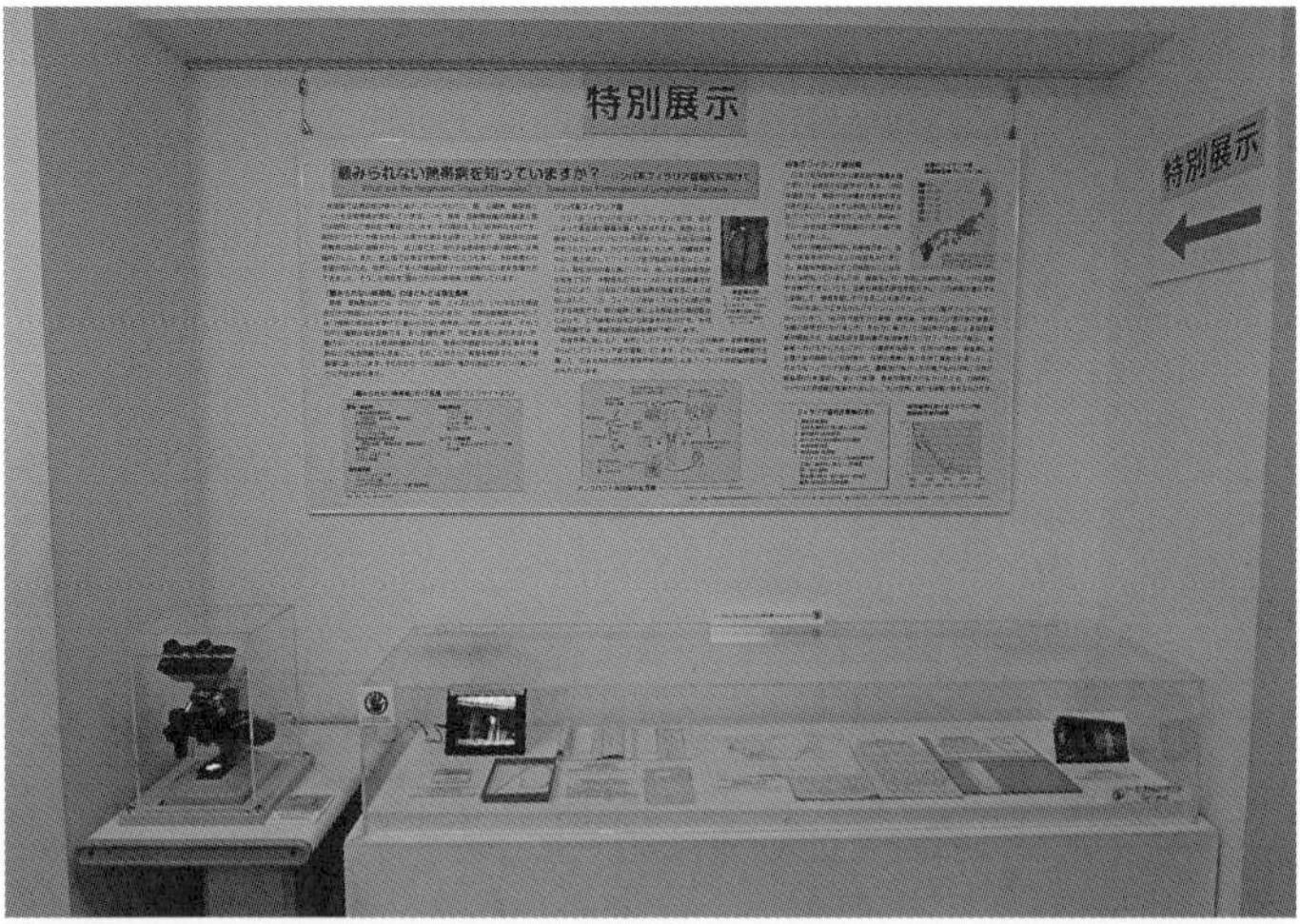

写真 4　目黒寄生虫館の展示の様子（目黒寄生虫館、巌城隆氏提供）

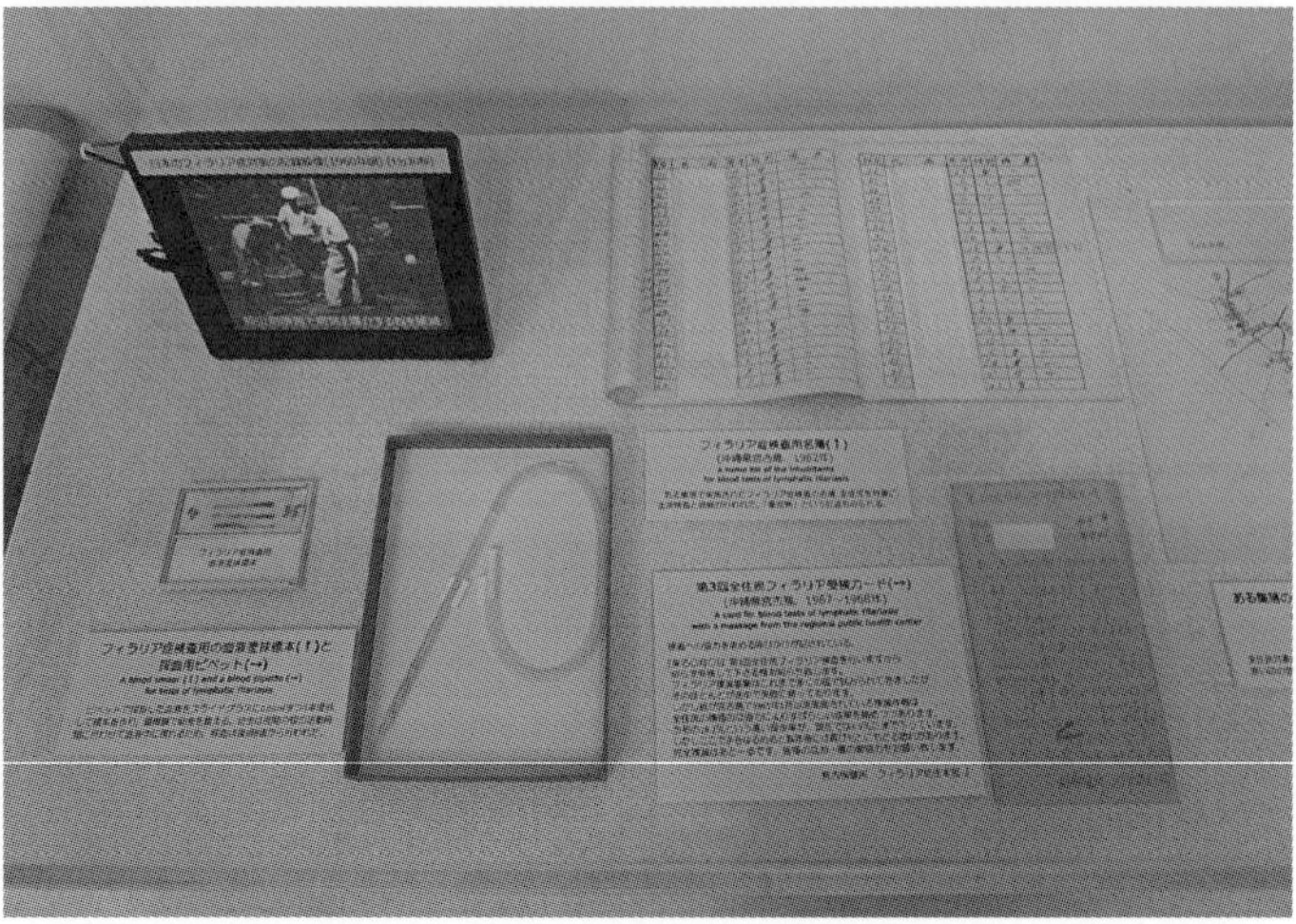

写真 5　フィラリア症の抑制をめぐるデータ（同上）

選択的集団治療によって根絶された。小林照幸のノンフィクション[46]は、その貴重な記録である。

長崎大学熱帯医学研究所附属熱帯医学ミュージアムには、長崎大学熱帯医学研究所の片峰大助らが長崎県内の五島列島、松島、および沖縄県の宮古島で実施したフィラリア対策に関するデータが保存されている。「松島フィラリア症集団治療」、「松島風研臨床（一九六〇年代松島フィラリア調査日記）」などの内容は、業務日誌（薬の服用者名）、受診記録や投薬服用の名簿などで、ジエチルカルバマジンの投薬方法や薬量に関するデータであり、現在、目黒寄生虫館で資料の一部を展示している（写真4 写真5 なお、展示は終了している―付記）。

目黒寄生虫館の大鶴正満資料

寄生虫対策の資料として注目されるのは、琉球大学医学部の大鶴正満教授（一九一六～二〇〇八）の研究資料である。大鶴は、台湾に生まれ、台北帝国大学医学部を卒業後、軍隊経験をへて、戦後は新潟大学医学部と琉球大学医学部の教授（琉球大学医学部創設のため異動、初代医学部長）をつとめ、寄生虫学の研究をリードした[47]。

(46) 小林照幸『フィラリア―難病根絶に賭けた人間の記録』TBSブリタニカ、一九九四年。
(47) 飯島渉「大鶴正満と台北帝国大学―ある寄生虫学者の軌跡」酒井哲哉・松田利彦編『帝国日本と植民地大学』ゆまに書房、二〇一四年。

大鶴教授が二〇〇八年に亡くなると、研究データは散逸の危険に直面したが、同教室の尽力によって、その整理がスタートし、現在、多くの寄生虫対策関係の資料を目黒寄生虫館に移管し、研究が進められている。資料の中には、国交のない一九五七年に大鶴が中国を訪問し、中国人学者と交流した際の手帳や膨大な写真なども残されていて、医学界の学術交流のあり方を示す資料としても重要である。[48] また、森下薫（台北帝国大学教授から大阪大学微生物病研究所）から委託された資料も含まれており、これらは、二〇世紀日本の熱帯医学の歴史や感染症の研究を象徴するものである。

中央研究院台湾史研究所檔案館の大鶴資料

大鶴資料の中には、台湾人学者との親密な関係を示す書簡などの資料が数多く残されていた。そこで、台湾関係資料を中央研究院台湾史研究所檔案館（檔案館は、公文書館＝アーカイブ）に移管した。この中にも、「森下薫先生遺品之臺灣及杜聰明等相關印刷物（T0857_01_04_003）」などの森下薫関係資料がある。台湾に移管された資料は、すでに内容の確認が完了し、保全措置が行われ、公開が開始さ

写真6　台湾史研究所檔案館の大鶴資料、倉庫内の様子、許可を得て著者撮影

れた[49]（写真6）。

オーラルヒストリーの試み

プロジェクトの一環として、感染症や寄生虫病の抑制にかかわった研究者、行政そして医師や患者などからの聴き取り調査を進めている。こうした調査を、歴史学の世界ではオーラルヒストリーと呼ぶ。この間、小島莊明氏（東京大学名誉教授）、多田功氏（九州大学名誉教授）、青木克己氏（長崎大学名誉教授）、竹内勤氏（聖路加国際大学特任教授）、原隆明氏（旧寄生虫予防会）、梅田勝氏（東京工科大学教授）からの聴き取り調査を行った。今後の計画としては、地方の寄生虫予防会関係者、患者などからの聴き取り調査を行う予定である。

「資料をつくる」

感染症や寄生虫病の抑制に関する歴史的経験は、これを整理し、資料化してはじめて利用可能にな

（48）　飯島渉ほか「資料翻刻　大鶴正満訪中日誌（1957年）」（1）～（4）、『青山史学』二〇一三年～二〇一六年。

（49）　台湾史研究所檔案館ＨＰ http://tais.ith.sinica.edu.tw/sinicafrsFront/browsingLevel1.jsp?xmlId=0000284803

る。つまり、「資料はあるのではなく、つくるもの」なのである。フランスの歴史学者、エマニュエル・ル＝ロワ＝ラデュリは、「未来を憂うる専門家としての歴史学者の使命は、歴史の寄与を求める者である科学者に力を貸すことではないでしょうか」と述べる。この発言は、気候変動を理解するための歴史学の貢献を説いたものだが、(50)ル＝ロワ＝ラデュリは感染症の歴史学の先達でもあり、筆者はこの言葉を常に意識してプロジェクトを進めている。

東日本大震災ののち、地震や津波をめぐる歴史学的な知見を、予知や被害を食い止めるための知恵として利用することが本格化した。これは、感染症や寄生虫病の歴史学にも大きな示唆を与えている。日本の社会は、感染症や寄生虫病の抑制に成功すると、その記録を廃棄してしまうことが多かった。しかし、それは感染症や寄生虫病をめぐる経験を放棄してしまうことでもある。この面で、歴史学が、医学や公衆衛生学と共同で進めることが出来る課題は数多く残されているのである。

（付記）　感染症アーカイブズの活動

感染症の制圧過程に関する資料を整理・保全し、その利用を進めるために、「感染症アーカイブズ」という任意団体を組織し、HPを開設して（https://aidh.jp/）、その過程を紹介し、聴き取りの記録や関係の資料の部分的な公開を開始している。この作業は、科研費や地球研などの研究資金を基礎に、多くの大学院生の協力を得て進めることができた。これは、私にとって、たいへん貴重な、かつ忙しくなったけれども楽しい作業であった。資料の消費者であることが多い歴史学の研究者として、アーカイブズ学などの論理をうかがい知る機会ともなった。しかし、専門にその作業を行っているわけではないので、たいへんにゆっくりとしたペースでしか仕事を進めることができなかった。以下は、感染症アーカイブズのＨＰの目的の部分の再録である。

「感染症アーカイブズ」は、感染症や寄生虫病、また風土病などの疾病に関するさまざまな資料を整理・保存し、この領域に関心のある方々に提供する試みです。マラリアは、世界の歴史に大きな影響を及ぼした感染症、寄生虫症の一つでした。日本でもふるくからマラリアが流行していました。その多くは三日熱マラリアで、北海道でも流行したことが確認されています。また、沖縄の先島（八重山と宮古）では、死亡することも多い熱帯熱マラリアが人々を苦しめていました。

太平洋戦争の時期、八重山では、人々がマラリア流行地に疎開させられたため、子どもを含む多くの人々が命を落としました。これは、「戦争マラリア」と呼ばれています。各地で、マラリアの被害を防ぐためにさまざまな対策が試みられました。宮古や八重山でも、マラリア撲滅のための対策が実施されたのですが、残念ながらその制圧は困難でした。

第二次大戦後、米軍の沖縄統治の中で、八重山や宮古ではＤＤＴを利用したマラリア媒介蚊への対

(50)　エマニュエル・ル＝ロワ＝ラデュリ、稲垣文雄訳『気候と人間の歴史・入門―中世から現代まで』藤原書店、二〇〇九年、五頁。

策が効果をあげました。マラリア対策が成功したのは、ＤＤＴが絶大な力を発揮したのか、それとも、ＤＤＴの残留噴霧を実行することを可能にした住民の組織化が大きな意味を持ったのか、に関しては依然として評価が分かれています。このことは、二一世紀の現在でも熱帯や亜熱帯地域の人々を苦しめているマラリアの制圧のために重要な知見を提供するものです。

二〇世紀の日本は、マラリアだけではなく、リンパ系フィラリア症や日本住血吸虫症などの制圧に成功し、また、寄生虫予防会の活動が功を奏して、回虫症などの寄生虫病の制圧に成功しました。このことは、あまり知られていないのですが、二〇世紀の日本が達成した大きな、あるいは最大の成果の一つだったのです。

日本の経験は、世界各地の感染症や寄生虫症の制圧のためにも貴重な知見です。ところが、制圧の過程を示す資料は、疾病の制圧に成功すると廃棄されてしまうことが多かったのです。例えば、京都や滋賀はマラリアの流行地として有名でした。彦根城のお堀はマラリア媒介蚊の巣窟だったのです。第二次大戦後、米軍と日本の学者、行政官、地域住民の努力によって、彦根のマラリアは制圧されました。しかし、この時の記録は残念ながら残されていません。彦根におけるマラリアの疫学的なデータは、マラリア学にとって有益な情報です。そして、それは現在でもマラリアに悩まされている多くの地域での対策のために、国際保健の関係者が参照することのできる貴重な経験なのです。それは、二〇世紀後半に制圧されたリンパ系フィラリア症や日本住血吸虫症の場合も同様です。

「感染症アーカイブズ」は、こうした貴重な資料を収集整理し、保存して公開する試みです。現在、提供可能な段階まで資料の整理が進んでいる感染症の資料は以下の資料群です。

・マラリア、リンパ系フィラリア症、日本住血吸虫症などの感染症、寄生虫症の流行状況、制圧のための対策などの資料
・さまざまな感染症や寄生虫症を調査研究した研究者の残した資料、例えば、小宮義孝、大鶴正満らが残した研究資料
・日本国内の感染症や寄生虫症の調査研究、これをもとに国際保健の場で活躍した研究者のインタヴュー記録
・日本の寄生虫対策を担った寄生虫予防会の資料
・中国、台湾、韓国やフィリピンなどでの感染症や寄生虫症をめぐる資料
・その他、関連資料

この試みを通じて、感染症や寄生虫症をめぐる貴重な資料を残すことが、「感染症アーカイブズ」の目的です。この作業は、感染症や寄生虫症の資料の保存を行い、また、インタヴュー記録を残すことなどを通じて、感染症の制圧の経験を歴史化する試みです。「感染症アーカイブズ」という言葉は、あまり耳慣れた言葉ではありませんが、私たちは、この仕事を通じて、人類の歴史に大きな影響を及ぼした感染症をめぐる記録を歴史化したいと考えています。みなさんのご協力をお願いいたします。

二　『レイテ戦記』と日本住血吸虫症

レイテ島を訪ねたかったのは、そこが日本住血吸虫症の流行地であるからだ。けれども、なかなか機会に恵まれず、フィリピンをはじめてたずねたのは二〇一三年夏のことであった。準備を進める中で反省したことの一つは、太平洋戦争におけるフィリピンの重要性を十分意識してこなかったことである。

太平洋戦争の天王山とされたレイテ戦や敗戦が明らかな中でのマニラ市街戦を含め、フィリピンで亡くなった日本軍の将兵は約五二万人を数え、米軍の死者も約一万五〇〇〇人とされる。そして、フィリピン人の死者は約一一一万人で、総人口が約一八〇〇万人だったフィリピン国民の一七人に一人という膨大な数である。正直に言うと、私は文献を読む中で、日本軍の死者数は五万人ではないかとさえ思った。五〇万という数字をにわかに理解できなかったのである。

レイテ島を訪ねるきっかけをつくってくださったのは、獨協医科大学医学部の千種雄一教授である。千種教授とは、二〇一三年の春に日本寄生虫学会が企画した市民講座（日本住血吸虫症の原因である寄生虫の中間宿主＝ミヤイリガイの発見一〇〇年を記念したもの）で、一緒に講演したときに知り合いになった。そして、レイテ島に行く機会があればぜひ同行させてほしいとお願いした。迷惑のかからない（これは、あくまでも私の意識の問題であり、実際どうだったかはわからない）かたちで、私は、獨協医科大学の学生海外研修の一つであるフィリピンでのフィールドワークに同行させていただいた。学部二年生が中心の医学生たちはとても気持ちのいい若者たちで、フィリピンのミンドロ島やレイテ島での病院や保健所などの見学、感染症の発生している地域での調査などの二週間に及ぶ研修を懸命にこなしていた。

大岡昇平の『レイテ戦記』を読んだのは、就職したてのころである。新幹線の中で読んだのではっきり覚えている。私はレイテ島がどんなところか、なんとなくわかった気がしていた。贅言を要するまでもなく、『レイテ戦記』は、『俘虜記』や『野火』とともに、大岡昇平の代表作で、日本の戦争文学の最高峰をなす作品である。太平洋戦争の末期、三〇歳代半ばで召集された大岡は、フィリピンのミンドロ島に一兵卒として駐屯したことがあり、その経験をもとに戦後作品を書いた。

大岡の作品の中では、『ある補充兵の戦い』（一九七七年一二月現代史出版会、一九八四年八月徳間文庫ののち、二〇一〇年八月岩波現代文庫に収録）も印象的である。同書によって、大岡の軌跡を書いておく。一九四四年三月一八日教育召集、近衛歩兵第一聯隊で暗号教育を受ける、この時大岡は三五歳。六月一〇日、大岡は除隊ではなく、臨時召集となる。比島派遣渡兵団（第一四軍）補充兵。六月一七日東京出発、七月二日門司からフィリピンに向け出港（第二玉津丸）。七月一五日マニラ上陸、第一〇五師団大藪大隊、ルソン島南部のバタンガスに移動、比島派遣一〇六七二部隊（西矢隊）。七月三〇日ミンドロ島南部カミナウエに上陸、その後、サンホセに駐屯。

一〇月二〇日米軍レイテ島に上陸開始、一二月一五日米軍、ミンドロ島サンホセに上陸開始、ここで大岡たちの部隊は山中に入る。一九四五年一月二五日米軍の捕虜となる。サンホセ米軍野戦病院、タクロバン俘虜病院に収容され、マラリアと心臓病の治療を受ける。一九四五年八月一五日終戦、レイテ島東海岸のタナウアン、パロの俘虜収容所で生活。一一月三〇日復員船「信濃丸」でタクロバン出発、一二月一〇日博多着、一二月一二日家族が疎開していた明石市に復員(51)。

大岡は、米軍によるミンドロ島掃討作戦の中で、人事不省に陥り、捕虜となった。『俘虜記』は、レイテ島のタクロバンの俘虜病院をへて、タナウアンの収容所での生活を描いたもので、捕虜となるまでの病気と飢餓とは全く違う給養のよさが強調されている。大岡は、捕虜となった日本人の生態をセックスにいたるまで縦横に描いている。一連の作品をどこまで文学として、つまり創作として位置づけるべきかについては議論もあるが、ほとんどの叙述が大岡の体験にもとづいていることは間違いない。

一連の作品の中で重要な役割をはたしているのがマラリアである。負け戦が続く中で、薬品も滞り、栄養状態の悪化した将兵はマラリアをはじめとする感染症に冒され、戦力の低下だけではなく、生死を分けることも多かった。実際、マラリアが太平洋戦争の帰趨に決定的な影響を与えたとする著作も多い。『ある補充兵の戦い』でも、「「もし、……でなかったならば」という仮定は既に「であった」以上無意味であるが、もしあの時私が米軍に見出されなかったならば、私はそこで飢えと渇きのため、或いはマラリヤのため、一人死ななければならなかったのである」（三五三頁）と述べている。

『ある補充兵の記録』からマラリアに関する記述を拾ってみる。大岡たち兵卒は、外出の際にはフィリピンの農民と物々交換をして食料などを手に入れることもあった。「我々に特に廉く売られる砂糖や、マラリヤ予防に一日一個支給されるキニーネ剤を密かに貯えて、持って行ったりするのである。後者が特に喜ばれた。」（八六頁）、「兵士は最初毎日予防としてキニーネを摂っていたので、マラリヤ患者は出なかったが、やがて薬を飲まずに貯え、金や食物に替えることを覚えたので、だんだん患者が増した。」（九〇頁）。大岡の駐屯していたミンドロ島は、「この世が厭になったらミンドロ島へ行け」という諺があったくらいにマラリアが多かったところで、大岡はこの諺にもふれている（八六頁）。

捕虜になるまでの兵士としての皮膚感覚を描いた『俘虜記』、人肉食というテーマを持っている『野火』に比べ、「死んだ兵士たちに」に献じられた『レイテ戦記』は、兵士たちが死なねばならなかった戦争の見取り図を詳細に描くことに重点がある。あまりに長編なので、一気に読み通すことが難しい。夏になって、戦争をめぐる新聞記事やテレビ番組などを見ると、読みたくなって、たびたびチャレンジするのだが、いつも挫折する。けれども、挫折を繰り返すなかで、その叙述には一通りは目を通していて、印象的な箇所に線が引いてあったり、頁の端が折ってあったりする。

大岡昇平の自筆原稿や創作ノートなどは、現在、神奈川県近代文学館でこれを見ることができる。

（51）『ある補充兵の戦い』三八一～三八二頁。

閲覧申請を行った後に、自筆原稿や創作ノートなどの未公刊の資料にふれることができるが、複写などの規制は厳しい。これは大岡が生前に叙述の改稿の過程を読者に公開することに否定的だったことによるとのこと。私は、何度か、大岡昇平の自筆原稿や創作ノートを実際に見て、感慨にふけった。「大岡作品の感染症をめぐる記述の研究」という閲覧目的に付き合ってくださった同館のスタッフの方々に感謝したい。

『レイテ戦記』の創作ノートは、比較的薄めのB5版の大学ノートで、表紙に「4月1966年大岡昇平」とある。このノートから、昭和四六年六月二六日京都の貴船で第一六師団の生存者と会ったことがわかる。この時、大岡が会ったのは、稲垣軍曹以下、一等兵や上等兵などの兵卒が中心であった。ノートには、『レイテ戦記』全体の目次のプランが記載されている。このプランは、最終的に刊行されるにいたった『レイテ戦記』の目次より簡略だが、全体の流れはほぼこの段階で固まっていたことがわかる。また、最終ページには、今後会うべき人々が列挙されていて、その中には、「山下奉文遺族、秦秀彦氏（橋川文三）、秋久（厚生省援護調査課長）」などと記されていて、見る者の想像力をかきたてる。

「創作メモ」は、個々の事実関係の詳細なメモから、文案をメモしたものまでいろいろである。原稿用紙にメモされたものもあれば、銀行のメモ帳に書きつけられたものもある。さて、肝心の「大岡作品の感染症をめぐる記述の研究」であるが、これは作品全体を通じてマラリアだらけであると言ってよい。大岡自身もマラリアに罹っており、米軍上陸後の戦闘の中で、人事不省となって捕虜となったのもマラリアが原因だった。『俘虜記』、『野火』、『レイテ戦記』の中で、マラリアをめぐる記述はいたるところに出てくる。それを自筆原稿にさかのぼってみると、記述にはほとんど修正がない。つまり、大岡にとってマラリアをめぐる知見は安定していたということであろう。

文学研究において、作家の叙述の修正の過程を克明に追うことができるのは研究者冥利に尽きる気がする。実際、大岡の作品にもそうした研究はかなりあって、例えば、花崎育代は、神奈川文学館所蔵の資料を使って、「大岡昇平手稿「俘虜記」の考察―僚友・「私のプライド」・不慮の〈恥〉」『論究日本文学』第九六号、二〇一二年五月、などの研究をものにしている。私は、『俘虜記』の原稿を見て、「敵は、……」とか「敵機は……」などが「米軍は、……」や「米機は……」に直されていることを、どうしてかと思っていたら、花崎氏の研究を読んで、それが占領下のGHQによる検閲を意識したものであったことを教えられた。『ある補充兵の戦い』にも、『俘虜記』の執筆の際の後日談として、「当時はまだ「敵」という字を文中には使えなかった。「敵を愛せよ」など、聖書にある文句は見逃してくれたが、米軍を指して「敵」と呼ぶことは許されなかった」（二九三頁）という記述もある。

大岡の作品は、いくつか翻訳されていて、『野火』は、*Fires on the Plains*, translated by Ivan Morris. New York: Alfred A. Knopf. 1957.『俘虜記』は、Taken Captive: *A Japanese POW's Story*, translated by Wayne P. Lammers, New York: John Wiley & Sons, 1996. がある。戦記文学以外の大岡作品の英訳もあるが、『レイテ戦記』は翻訳されていないようだ。また、英文の大岡作品研究として、David C. Stahl, *The Burdens of Survival: Ooka Shohei's writings on the Pacific War*, Honolulu: University of

Hawaii Press, 2003. がある。

こうした中で、大岡の一連の作品に対して、素朴な疑問をもった医師がいた。山梨県甲府盆地での日本住血吸虫症対策に従事し、後に、フィリピンでの医療援助に関わった林正高（一九三四〜二〇一六）である。林は、信州大学医学部を卒業、甲府病院神経内科医長をつとめるかたわら、一九七四年から日米医学協力計画の寄生虫部会に参加し、同会特別研究員や国際協力事業団海外技術指導専門家として、レイテ島での日本住血吸虫症対策に尽力した。これは、千葉大学医学部教授で住血吸虫症の専門家であった横川宗雄からレイテ島での調査を依頼されたことがきっかけであった(52)。林は、レイテ島での対策に尽力する中で、『レイテ戦記』を愛読した。しかし、同書に日本住血吸虫症のことが書かれていないのはおかしいと指摘し、これをうけて、大岡は、林からの聞き取りをもとに、フィリピンの日本住血吸虫症に関する文章を書いた（大岡昇平「日本住血吸虫―「レイテ戦記」補遺2」『中央公論』第一〇三巻第一号、一九八八年一月）。大岡が気にしていたのは、フィリピンの日本住血吸虫症が日本兵によって持ち込まれたものではないかという点にあったが、これは事実ではなかった。その後、林は、一九八七年「地方病に挑む会」を結成し、バイエル社の開発した一日の服用で体内の日本住血吸虫の成虫と虫卵を殺すプラジカンテルという特効薬の配布のための費用を援助する「七〇〇〇円募金」を開始した。そして、第一号の募金者は大岡であった。

『レイテ戦記』を一気に読むのはたびたび挫折したのだが、千種教授がつくってくださった機会を得て、フィリピンに行って、はじめて、レイテ島のタクロバンやパロなどの土地を実感することができるようになった。うまく表現できないのだが、頭の中で戦場の状況を想像するときに、ある種の色を感じることができるようになった。『野火』は二度映画化されていて、一九五九年版は市川崑の作品で、二〇一四年版は塚本晋也による。塚本は主演もしていて、私と同じ一九六〇年生まれ。後者はカラーであり、フィリピンでのロケも行われているのでその風土をより実感できる。実際にその土地に行ってみないとわからないことは多い。インターネットをはじめ情報技術やバーチャルリアリティーがどれほど発達しても、実体験とは距離がある。

パロは、レイテ戦でマッカーサーが上陸したところである。そして、日本住血吸虫症対策センターがある。二〇一三年はじめてパロのセンターを訪問した時、JICAなどが進めた住血吸虫症対策を記載した資料があることに気づいた。また、ブラス教授や多くの対策に実際に従事した方々を紹介していただいた。こうして、現在、準備中の二〇世紀における日本、中国、フィリピンにおける日本住血吸虫症対策の歴史を書くことを思いついた。以前にも日本と中国の日本住血吸虫症対策の歴史、その関係を文章にしたことがあり、それを発展させて一書にしたいと思ったのだが、なかなか思うように研究が進まなかった。しかし、フィリピンのレイテ島という新たな要素を入れることによって、また、あえて、三つの地域をめぐる関係に焦点を当てることによって、感染症の歴史学の新たな知見を

(52)　林正高『寄生虫との百年戦争―日本住血吸虫症・撲滅への道―』毎日新聞社、二〇〇〇年、五二、九三頁。

得ることができるのではないか、と考えたのである。

そして、私は、パロのセンターのスタッフに、I shall return と言って、近いうちに資料を読みにまた来ますと伝えた。それが、二〇一三年の夏のこと。ところが、その後、レイテ島を巨大な台風が襲い、センターも壊滅的な状況になった。資料も海水によって被災した。当時、現地は、食料にも事欠く状況だったので、いささかの募金をして、また、状況が落ち着くのを待って、資料の修復にも関わりたいと考えるようになった。しかし、土地勘がなくなかなか仕事を進めることができずにいた。二〇一四年夏に、再度、獨協医科大学の学生さんと一緒にレイテのセンターを訪問して状況を確認した。台風からはほぼ半年が経過していたが、建物、インフラも修復には時間がかかっていて、その被害の大きさを思い知った。

態勢を立て直して、資料の修復を進めながら、分析にも着手することにしたのだが、残念なことが二つおこった。一つは、センターの側が病院や施設の再建を進める中であまりに状態の悪い資料を廃棄したことである。この点に関していうと、ある方は、被災した資料をいったん日本に運んでしまって、修復をしたのちに返却する方法があると提案してくださった。しかし、この段階では、私は資料を現場から引き離してしまうことを躊躇した。そんな中で、かなりの資料が廃棄されてしまった。

いま一つは、私自身が健康を害し、二〇一五年はほぼ一年間にわたって十分に動けない状況になったことである。そのため、レイテ島を訪問する関係者にお願いして状況を確認してもらうにとどまっていた。二〇一六年一月、体調も回復し、私は、レイテ島を訪問し、残されている資料の修復などにとりかかることにした。本来は、レイテ島のフィリピンの学生にアルバイトをしてもらい、資料の修復に関わる技術を学んでもらうつもりだった。けれども、レイテには大きな学校がないため、人材を確保することが難しく、結局、資料を日本に運び、それを青山学院大学の学生に手伝ってもらうかたちで、一定の修復を行うことにした。

ところが、二〇一七年には父が亡くなり、その後、母も体調を崩して入院し、そのこともあってか私も再度体調を崩し、ほとんど研究を進めることが出来なくなった。二〇一八年には母も亡くなった。人生にはある時期、そんな戦争のような時期があるのかもしれない。けれども、その時期、私は、「父母を看病し、また、自分も病気と闘う、たかがそれだけのことではないか、戦争に行けといわれているわけではない」と不遜にもどこかで思うことにしていた。

今振り返ってみると、最初の病気をしてからいろいろなことがいっぺんに身に降りかかってきたように思う。しかし、ある意味では、資料の修復などにかかわり、その作業を進めることがルーティンとなって、時を過ごすことが出来た気もしている。縁というのはふしぎなものである。

三　レイテ島の日本住血吸虫症資料の修復をめぐって

〈初出〉「レイテ島の日本住血吸虫症資料の修復をめぐって」『はらのむし通信』目黒寄生虫館、第199号、二〇一九年一二月、八〜一一頁

レイテ島と日本住血吸虫症

フィリピンのレイテ島は、第二次世界大戦の末期、日本軍と米軍を中心とする連合国軍のあいだでたいへん激しい戦闘があったところです。両方の、特に日本軍の多くの将兵が犠牲になりました。また、忘れてはならないのは、フィリピン人にも多数の犠牲者が出たことです。大岡昇平の『レイテ戦記』は、この様子を余すことなく記しています。一九四四年一〇月、日本軍が占領していたレイテ島東岸のパロに米軍を率いて上陸したのは、のちに日本占領軍の司令官となるマッカーサー将軍でした。パロには、その時の様子を記念した公園があり、上陸の様子を示す銅像も立っています。二〇一三年一一月にレイテ島を襲った巨大台風のハイヤン（ヨランダ）は銅像にも被害を与えました（現在は修復されています）。

レイテ島を襲った巨大台風は、地球温暖化（気候危機）がその原因であるとされており、今年（二〇一九年）日本列島を襲った大きな台風の先駆けだったようです。この時、被害を受けたのはもちろん銅像だけではなく、レイテ島の各地で多くの人命や家屋財産が失われ、インフラも甚大な被害を受けました。この時、パロにあった日本住血吸虫症の病院と研究所も壊滅的な被害を受け、そこにあった貴重な資料も被災したのです。この資料は、第二次世界大戦後、日本のＪＩＣＡが進めたレイテ島での日本住血吸虫症対策のあり方を記録したものでした。

日本住血吸虫症という寄生虫病

日本住血吸虫症は、日本住血吸虫（Schistosoma japonicum）がオンコメラニア（Oncomelania）という貝の中で成長し、ヒトに経皮感染することによって引き起こされる寄生虫病です。この病気にかかると、慢性期には肝硬変を起こして、更にはお腹が異常にふくれあがって死に至ることもあります。ところで、原因となる寄生虫（桂田富士郎）とオンコメラニア（宮入慶之助と鈴木稔）を発見したのが日本人学者だったので、名前に「日本」が入りました。これは、お雇い外国人を通じて輸入された寄生虫学が日本で確実に定着・発展し、欧米と肩を並べる水準にまで発達したことを示す金字塔的な研究です。けれども、「日本」が入ったため、フィリピンでは日本軍がこの病気を持ち込んだのだという噂が流れることになりました。これは事実ではありませんが、病気をめぐるフィリピンの人々の感情を示すエピソードです。

ＪＩＣＡによる医療協力

レイテ島で日本住血吸虫症の流行が確認されたのは二〇世紀に入ってからのことでした。本格的調査が行われたのは、戦場で、米軍やオーストラリア軍の将兵が数多くこの病気に罹ったからでした。米国は、戦後、さまざまな対策を進めました。そして、米国のあとを受けて医療援助を担ったのがＪＩＣＡでした。

ＪＩＣＡは、安羅岡一男（筑波大学）、田中寛（東京大学医科学研究所）などの多くの専門家に調査を依頼し、一九七二年から本格的な医療協力を開始しました。最初行われたのは、日本国内の流行地であった山梨の甲府盆地などで実施されていた水路をコンクリートで固めて、水の流れを速くして、オンコメラニアが生息できないようにする方法でした。しかし、この方法はフィリピンではあまりうまくゆかず、後に、プラジカンテルという駆虫薬が導入され、笹川保健財団や林正高医師が中心となって進めたプラジカンテルの無償提供によって、レイテ島の日本住血吸虫症はずいぶんと減ることになりました。ＪＩＣＡがレイテ島の各地で進めた対策のあり方を示す資料がパロの研究所（Schistosomiasis Research and Training Center=SRTC）に保存されていたのです。

I Shall Return Project

私がはじめてレイテ島を訪れたのは、獨協医科大学が主催し、千種雄一教授らが実施している医学部の学生さんたちの海外研修に同行させていただいた二〇一三年八月のことでした。貴重な資料が残されていることを知った私は、思わず、I Shall Return（私は帰ってくる）と口走ってしまったのです。この言葉は、日本軍の攻撃を受けていったんフィリピンから撤退したマッカーサー将軍の言葉です。「感染症の歴史学」を専門とする歴史家として、レイテ島における日本住血吸虫症対策のあり方を示しているこの資料を使って研究してみたいと考えたのです。ところが、その直後、一一月の台風直撃によって、資料は写真のように壊滅的被害を被ってしまったのでした。（写真1と2）

上：写真１：2013年８月に筆者が撮影した資料の様子
下：写真２：台風によって被災した直後の資料の状況（提供：千種雄一教授）

　高潮によって海水や土砂に浸かってしまった資料は、そのままでは廃棄せざるを得ません。そこで、筆者は、まずＪＩＣＡに交渉して、資料の保全・修復のための援助を要請したのですが、残念なことに賛同を得られませんでした。そこで、三菱財団の研究助成を申請し、幸いにもその支援を受けることが出来て（二〇一五年〜二〇一七年、平成二七年度三菱財団人文科学研究助成金「フィリピン・レイテ島における日本住血吸虫症対策の経験の歴史化―台風による被災資料の修復と保全」）、資料の修復に着手したのです。はじめは、レイテ島でフィリピンの学生さんに手伝ってもらって修復作業を進める予定でした。当初、資料を移動しないことにこだわったのは、歴史学の世界では、資料の移動がその資料を奪うことにつながるとの批判があるからです。しかし、実際には、レイテ島でのマンパワーの確保は難しく、結局、資料をいったん借り受け、日本に運び、修復措置を施してから返却することになりました。この逡巡のため時間を要し、被災状況のひどかった資料が廃棄されてしまったことはたいへん残念なことでした。

I Shall Return Project―モルデナイベ・ホコリの除去・塩抜き・乾燥、製本

千種教授の研究室の支援も得て、被災した資料を日本に運んだ私たちは、二〇一七年夏から本格的に修復の作業を開始しました。この作業に従事したのは、青山学院大学文学部史学科の学生さんたちです。そして、このプロジェクトをI Shall Return Projectと呼ぶことにしました。

基本的な作業は、①モルデナイベという薬品を入れた特殊な袋に資料を入れ、数か月そのままにして、まずカビを除去する、②刷毛を用いて資料のホコリや汚れをていねいに除去する、③資料を水道水に漬けて、資料から海水による塩分を抜く、④資料から水分を除去し、乾燥させる、⑤工程を終えた資料を製本する、です。この方法は、東日本大震災で被災した資料を修復するために、東北大学防災科学研究センター（当時、現在、災害科学国際研究所）が開発した手法を習って、作業を進めたので

す。

どの工程もいろいろな苦労がありました。それは、学生諸君が中心となって、青山学院大学の雑誌に掲載した一文に詳しいのですが（佐藤良聖ほか「I Shall Return Project について：フィリピン・レイテ島感染症資料の修復最前線」『史友』第五〇号、二〇一八年）、ここでは、そこから典型的なものを紹介してみます。

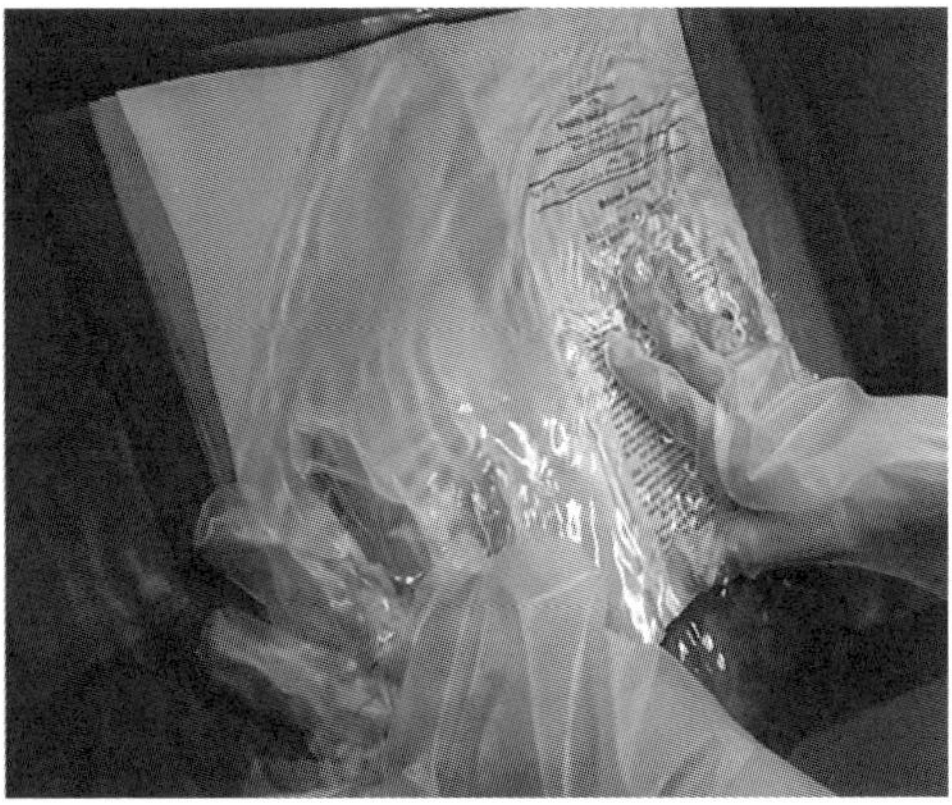

写真 3　塩抜きの作業の様子

「作業を行うに当たり最も注意を払ったのは力加減である。一度水没した、ページ同士の付着が激しい資料に対して、状態を極力損なわないようにするために力加減に十分注意する必要がある。パテを用いた作業は当然のこと、表紙やページそのものの状態が悪いものについても、状態維持に気を配りつつ、前述した軽くたたく要領で作業を行った。しかし、特に埃などの付着がひどいものはどれほどパテで慎重に作業を行っても状態の悪化は避けられず、塩抜きにも影響してしまったこと、ページの付着が激しい資料には相応の時間をかける必要があり、場合に

写真４　乾燥作業中の資料

よっては丸一日その資料の対応に追われてしまうことがある」

「塩抜き、汚れ取りは資料を水に浸して行う。番重という容器に資料がすべて浸るくらいの水を入れ、その中に資料を浸けて一ページずつめくり、軽くページを撫でながら各ページの汚れを落としていく。汚れや塩は水の中に溶けだしていくので、水が濁っているように見えたらその都度水を取り替えて作業を続ける。」

「塩抜きを終えた資料を乾いたタオルの上に乗せ、別の乾いたタオルで表紙・裏表紙・背表紙の水分を取る。この時、タオルでこすってしまうと資料の破損を招くため、軽く押し当てるようにして水分を取っていくように注意する。表面の水気を取った後、各ページの水気をとる。一枚一枚破れやすくなっているページを、ヘラを使ってめくり、タオルを用いて軽く充てるようにしながら表面の水気をとり、その後キッチンペーパーを挟む。最後のページまでキッチンペーパーを挟み終えたら、平らな場所に置いて作業は終了である。ただし、

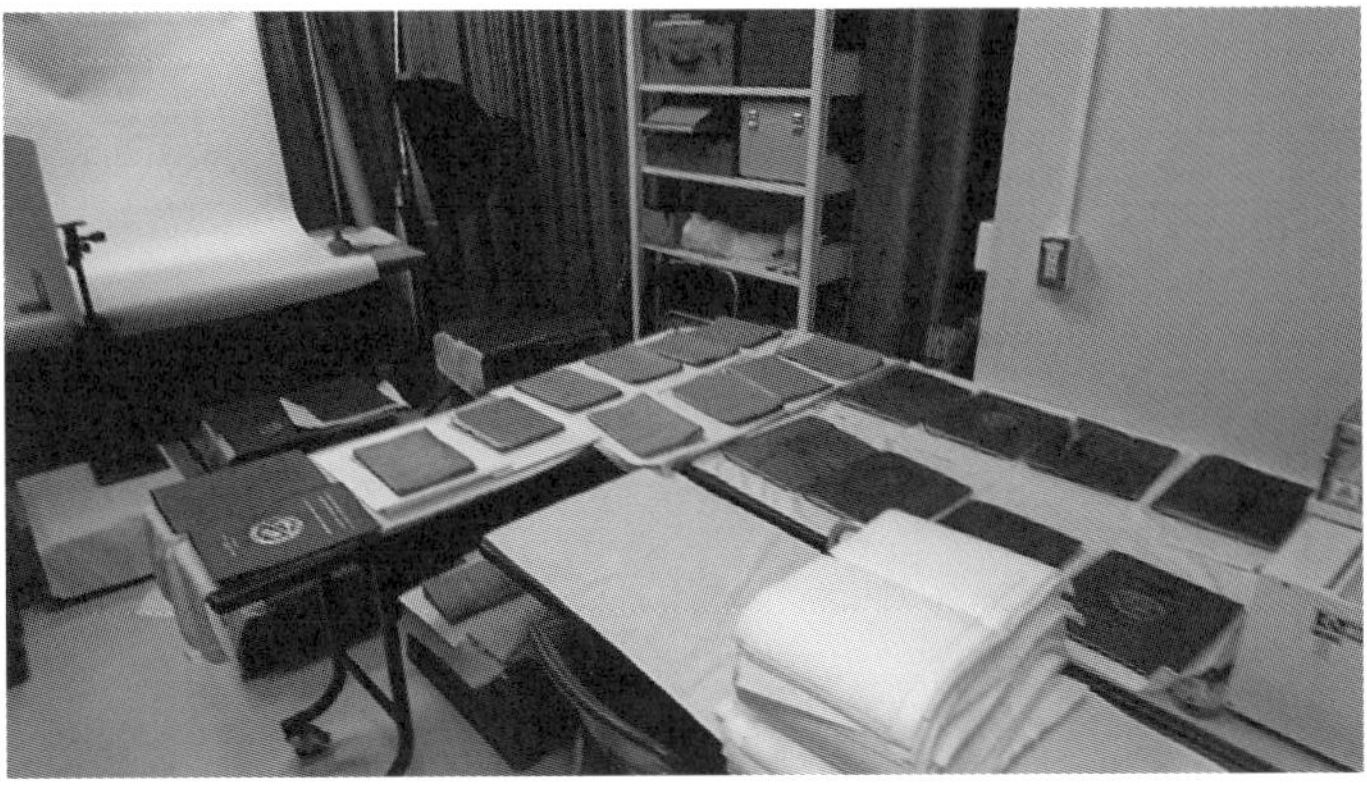

写真5　作業場と修復中の資料

一度挟んだキッチンペーパーはすぐに水を吸えなくなるので、一〜二日おきに全て取り替えなくてはならない。キッチンペーパーの取り替えは、資料から水気がなくなるようになるまで繰り返す」

「塩抜きを終えた資料は、たっぷりと水分を含んでいるために脆くなる。特に今回の修復対象は紙の質があまり良くなく、少し触っただけで崩れてしまうものも珍しくない。ヘラを使う力加減一つで、数ページ単位での破損も十分ありうるのである。また作業中は手袋を装着しているため、指先の感覚がわかりにくい。そのため、ヘラとともにページをめくろうとする、その指先にも気を配る必要がある。また、キッチンペーパーを本の根元まで挟まなければ、常に綴じてある箇所に水が溜まったままになるので注意しなければならない。各ページ均一にキッチンペーパーを挟まなければ本が変形してしまうので、丁寧に挟む。資料の乾燥はキッチンペーパーのみでは不十分なので、作業場の湿度を五十パーセント以下に保つのが好ましい。」

こうした地道な作業は、学生さんたちの協力によって、時間は要したものの順調に進みました。史学科で歴史学を専攻する学生さんだけに資料への愛着が強かったことも作業が順調に進んだ要因でしょう。なお、最終工程の再製本には、熟練技術が求められるため、専門の製本業者にお願いしました。

こうして、ほぼ半年をかけて修復なった資料は、獨協医科大学の千種教授と大平修二教授に運搬をお願いし、二〇一八年四月、無事、レイテ島に返還することが出来たのです。

写真６　2018年４月、返還された資料、人物はブラス教授。同教授は、ＪＩＣＡや笹川財団が対策を進めた際のフィリピン側の責任者のお一人であった

おわりに

今回のレイテ島の日本住血吸虫症資料の修復は、三菱財団からの支援と青山学院大学文学部史学科の学生さんや獨協医科大学の千種教授の全面的な協力を得て、拝借した被災資料を修復し返還することが出来ました。資料の修復作業にこだわったのは、I shall return と口走ってしまったこともありますが、同時に、レイテ島が日米戦争の激戦地であり、日本軍や連合国軍の将兵が数多く命を落とした土地であること、そして、フィリピン人の被害も甚大だったからです。日本住血吸虫症で亡くなったフィリピンの人々も多く、そうした歴史にこだわって、何か具体的に役に立つことをしたいという考えがありました。レイテ島にはいたるところに日本軍の将兵のための慰霊碑が建立されていて、そこで命を落とした人々が確かにいたということを実感する機会がたくさんありました。巨大台風によって、こうした慰霊碑も被災したはずなのですが、その実態はつかめていません。

歴史学者は、一般に、資料の消費者（利用する立場）です。しかし、今回の作業を通じて、被災した資料を保全するための方法を学ぶことができ、たいへん貴重な経験となりました。この過程は、現在、目黒寄生虫館の特別展示でも紹介されており、終了後は、目黒寄生虫館のＨＰや私たちが運営している感染症アーカイブズのＨＰ（https://aidh.jp/）でも紹介する予定です。最後になりましたが、この作業を支えて下さった、三菱財団、青山学院大学の歴史学を専攻する学生さんたち、また、獨協医科大学の千種教授に深く感謝いたします。

四　植民地主義と医学

〈初出〉中見立夫ほか著『満洲とは何だったのか〈新装版〉』藤原書店、二〇〇四年七月三〇日、一一三四〜一三九頁、所収

満洲のトラウマ

一九八〇年代初めに中国研究を志した私にとって、満洲研究はできれば避けたいテーマであった。それは、北京に留学中の一九八三年五月、東北を旅したときの思い出が大きな理由となっていた。大連で、かつて大連神社であった建物を見たときから心落ち着かない旅が始まった。哈爾濱（ハルビン）で日本と戦った人物を顕彰する施設である東北烈士館を見学したとき、その思いは頂点に達した。「来なければよかった、早く北京に戻りたい」と本当に思った。この旅は、スイス人の友人と一緒だったのだが、日を追うにつれ疲れていく私を見て、彼は私の心境の変化をはかりかねている様子だった。ふと呟く、「スイス人である君が羨ましい」。ようやく北京にもどる夜、瀋陽駅から列車に乗るため、寝台切符を持っていなかった私たちは、「走後門（よこはいり）」をすることにして、一等待合室入口

からホームに入り、幹部らしき駅員を見つけ、二等寝台の車掌に話しをつけてもらうことにした。私だけだったら、うまくゆかなかったはず。「高鼻子（せいようじん）」と一緒だからね。けれど、それがまずかったのだ。東北の旅は、すんなりとは終わらなかった。二等寝台はすでにいっぱいで、結局、運賃の高い一等寝台へ。そして、そこもいっぱい。困惑した車掌は、すでに寝支度を整えていた先客をどこかへ追いやり、私たちを一等寝台におしこんだ。瀋陽から北京へ。その夜はとりわけ長かった。

植民地医学・帝国医療と満洲

満洲へのトラウマによって、私は、いつのまにか、大連をはじめとする東北を避けるようになった。次に東北を訪れたのは、一九九七年、留学時代の旅からだいぶ時期がたってからのことである。結局のところ、私の研究は、満洲にたどり着いてしまったからである。

現在、私は、植民地医学（colonial medicine）ないしは帝国医療（imperial medicine）と呼ばれる医学や衛生学の体系に興味をもっている。とはいえ、私は医者ではないから、医学や衛生学が植民地統治にいかなる意味をもったのか、という問題関心である。植民地主義は、日本の研究では、軍事、また経済の領域に偏って研究が進められてきた。この背景には、もちろんレーニンの帝国主義論がある。しかし、植民地主義をこうした文脈からだけとらえることには明らかに無理がある。植民地主義は、いまなおその命脈をたもつ近代主義の申し子であったからである。

日本の植民地主義のイデオローグとして、幾人かの人物があげられよう。そのうち、私は、後藤新平をあげることに躊躇はない。後藤は、政治家である以前に医者、そして衛生官僚であり、近代日本の衛生行政の立案者であった。自らとは異なった文化、そして人々を統治する植民地主義の拡大には、統治の正統性を保障する何らかの理念とテクノロジーが必要であった。こうした中で、西洋文明の特徴をいかんなく発揮したものの中心に医学や衛生学が位置する。ヨーロッパによるアフリカの植民地化に果たした熱帯医学（tropical medicine）の役割を想起すればよい。後藤新平は、衛生官僚としての経験を生かし、台湾総督府民政長官として、二〇世紀的な文脈での「科学」的な台湾統治の基礎を築く。そして、その理念とテクノロジー、それを支えた人脈は、後に、関東州租借地、そして満洲へと向けられた。

台湾経験の位相

日本の植民地統治の第一のステップは、植民する側の日本人が新たな環境（気候、風土、文化）に適応することであった。そのため、植民地医学が重要な役割を果たす。台湾統治の事例についていえば、一九世紀末、香港での流行を起点とした腺ペストの台湾での流行に対処すること、地方病として歴史的に漢人の台湾開発を阻んできたマラリアの撲滅がそれである。台湾の疾病構造の推移をみると、一九一〇年代までに腺ペストの発生はほとんど抑制され、その後、本格的なマラリア対策が開始される。植民地統治が行われていた時期には、いくつかの理由から、台湾のマラリアは撲滅されるには至らなかったが、この経験は近代日本の熱帯医学を確立する基礎となった。この間、腺ペストやマラリア以外のさまざまな感染症への対策も実施された。その一つは、言うまでもなく天然痘対策としての種痘である。そして、台湾での植民地医学の中心となったのが、台湾総督府医学校→台北医学専門学校（台北医専）、そして、台北帝国大学医学部と医専の系譜をひく医学専門部、台湾総督府が開設した中央研究所衛生部などである。

こうして、二〇世紀前半には、台湾における感染症の流行の構造は大きく変化した。感染症対策を進める基礎として台湾在来の社会組織である保甲（ほこう）制度が再編され、近代日本の衛生行政を末端で支えた衛生組合の制度も導入される。こうした感染症への対策が植民地主義の正統性を保障するものとして喧伝され、また、植民地権力の現地社会への浸透を助けるものとなったことは贅言を要すまい。近年、植民地における医学や衛生学の歴史は、「身体の植民地化（colonizing the body）」を指摘したアーノルドの英領インド研究以来、植民地研究のきわめて重要な領域となりつつある。

台湾での事例を調べた私は、結局のところ、満洲にたどりつかざるを得ないことになった。台湾で蓄積された熱帯医学の体系は、関東州、朝鮮、そして満洲に展開されたからである。とはいえ、台湾と満洲の気候、風土、文化はかなり異なる。こうして、朝鮮や満洲での医学や衛生学の体系は、熱帯医学の蓄積を基礎としながらも、北方への医学、衛生学の体系となる。これが、「開拓医学（development medicine）」である。一九一一年に設立された南満医学堂（後の、満洲医科大学）は、京城医学専門学校・京城帝国大学医学部とならんで開拓医学の研究の中心となった。

満鉄も開拓医学の展開に重要な役割を果たす。一九二七年満鉄衛生研究所が大連に設置されると、その研究は、満洲で流行した発疹チフス・ペスト・猩紅熱（しょうこうねつ）、さらには、狂犬病予防から食物検査、水質検査という、今日における公衆衛生のほとんどの領域に及んだ。また、「衛生展覧会」の開催もその重要な仕事の一つであった。

関東州を例外として、満洲における感染症の流行、疾病構造の推移を検討することは容易ではないが、発疹チフスや猩紅熱、そして結核の流行が顕著であった。植民地主義が熱帯医学や開拓医学によって、感染症の発生を抑制したことは事実である。しかし、植民地主義の進展によって、経済開発がすすめられ、ヒトの移動が活性化したことによって感染症の流行が促進されたことも見逃すことの出来ない事実である。

澤地久枝『昭和　私たちの同時代史』の第七回「病魔と飢餓」には、澤地が二人の弟を疫痢と流行性脳脊髄膜炎で亡くしていること、澤地自身も猩紅熱に罹ったことが語られている。関東州は、人口密度の高さやヒトの移動の多さによって感染症の流行が顕著に見られた土地であった。満洲における結核の流行もそれを象徴するものである。

植民地医学が現地社会と深く関わるものとなったのは、医学、衛生学が社会集団を対象とすると同時に個体としてのヒトの身体を対象とするものであったことによる。さらには、西洋医学の身体観の導入がそれを加速させる。満洲における医学、その極北である七三一部隊による細菌戦の研究もこうした開拓医学の延長線上にあったとしなければならない。

台湾から満洲へ

満洲を避けた私の研究は、日本の植民地医学や帝国医療の軌跡にならって、結局のところ、台湾から満洲にたどりつかざるを得なかった。医療や衛生は、それが「国家医療（state medicine）」として展開された二〇世紀の歴史の中では、きわめて近代主義的な要素をもつものであり、それは、植民地においても同様であったばかりか、より強調されることもあった。

植民地における「近代化」ないしは「近代性」の問題が、近年の植民地研究の焦点の一つとなっている。植民地主義は、近代主義の申し子であった。それゆえ、満洲をめぐる言説は、依然として、「侵略」と「開発」の間を揺れ動く。満洲問題が、単に歴史として語られるのではなく、現在の社会システムの起点として語られる時、日本の近代主義のある種の「寂寞」もそこにこめられることになる。心情として植民地主義を批判することは、言葉の上ではたやすい。ましてや、同時代としての経験を有しない私の世代にとっては。けれども、植民地主義の本質の一つである近代主義を否定することは簡単ではない。その意味で、満洲をめぐる言説は、自らの歴史観を映しつつ、私の喉に突き刺さった骨であり続ける。

参考文献
飯島渉『ペストと近代中国—衛生の「制度化」と社会変容』研文出版、二〇〇〇年
澤地久枝『昭和　私たちの同時代史』ＮＨＫ人間大学講座、日本放送出版協会、一九九四年、後に、

同『私が生きた「昭和」』岩波書店、一九九五年、岩波現代文庫、二〇〇〇年。
見市雅俊・斎藤修・脇村孝平・飯島渉編『疾病・開発・帝国医療—アジアにおける病気と医療の歴史学』東京大学出版会、二〇〇一年
Arnold, David, *Colonizing the body: State Medicine and Epidemic Disease in Nineteenth Century India*, Berkley: University of California Press, 1993.

（付記）

この文章は感慨の深いものである。結局、私は満洲の植民地医学の研究もすることになったし、満洲医科大学の中国人学生の聴き取りも試みたのだった。そのための研究資金も獲得し、パイロット的に何人かの方から聴き取り調査を進めた。応じてくださったのは、当時、医学校の名誉教授のような地位の方々、多くが学長や学部長の要職をつとめた経験があった。いずれも文化大革命の時期に批判の対象となり、さまざまな苦労をされたとのことだった。

本格的な研究を開始しようとしていた時、当時の小泉首相が靖国神社に参拝し、聴き取りを予定してた方々から、「時期がわるいので、もうすこし様子を見たい」という連絡が入った。しかし、結局のところ、聴き取りを実現させることができずに、私は、そのときとりかかっていた『マラリアと帝国』を書かざるを得なかった。その後、聴き取りに応じて下さった方々のほとんどが亡くなってしまった。そうした方々が教えて下さったことをその後十分に表現できたかといえば、悔いも残る。

五　レッスンとしてのクルーズ船への検疫

〈初出〉「作为历史教训的邮轮検疫」『开放時代』広州市社会科学院、开放時代杂志社、二〇二〇年第三期、六九～七八頁、諸志華（訳）、原文は中国語

はじめに

二〇二〇年一月末の国際的な話題は、英国のＥＵからの離脱問題（いわゆる Brexit）のはずであった。ところが、Brexit が実施される前後の日本の新聞報道の多くは、中国の武漢市や湖北省における新型コロナウイルス（SARS-CoV-2）を原因とする新型肺炎の記事でいっぱいだった。一月三〇日夜（日本時間では三一日未明）に世界保健機関（ＷＨＯ）が専門家委員会による緊急会合を開き、中国以外でも感染が拡大しているとして、「国際的に懸念される公衆衛生上の緊急事態」を宣言したこともそ

の理由であろう。また、英国保守党が直前の選挙で勝利して、Brexit 自体は既定のことがらだったため、人々の関心が高くなかったことも事実である。しかし、Brexit と新型肺炎の記事の日本の新聞におけるアンバランスは、中国における新興感染症の流行が、いかに日本や世界に大きな影響を与えるものであるかを実感させてくれた。

一月末から二月初めの段階で、日本社会の中国における新型肺炎の流行への関心はおおむね二つの点にあった。一つは、武漢などに滞在している日本人（正確には、日本旅券の保持者）を帰還させるかどうか、いつどのように実施するか、という問題であった。二月中旬までに五便のチャーター機が派遣され、約八〇〇人が武漢から日本に帰国した。[53] 後半の段階では、日本旅券保持者以外の中国籍などの人員（関係者）も搭乗していた。また、日本旅券の保持者のうち、帰国を希望しない人もあった。チャーター機による帰国者から新型肺炎への感染者が発見されると、病院で隔離・治療が行われた。その他の人々に対しては、税務大学校の宿舎などで約二週間の待機（医療隔離）が実施され、その後、自宅などに戻ることが出来た。ちなみに、武漢からの帰国者のうち、ＰＣＲ検査の結果、陽性反応が確認されたのは一五人で、幸いなことに死者はいない。[54] この対応は、日本旅券保持者の保護という意味では理解されやすかったが、感染者を日本国内に受け入れる懸念もあった。結果として、この対策は国内に感染を広げることはなかったようで、感染症への対策としては妥当であったと考えられる。但し、武漢にチャーター機を派遣したのは、他に、米国、シンガポール、韓国などで、資金力のある国はこうした対応も可能だが、それが出来ないところもあったはずである。

いま一つの話題は、二月初め、ダイヤモンド・プリンセスという巨大なクルーズ船が横浜港に接岸し、乗客乗員の中から新型肺炎への感染者が出たため、これにどのように対応するか、であった。同船は、二〇二〇年一月二〇日に横浜港を出発していたが、同月二五日に香港で下船した乗客がCOVID―19に感染していることが、後に明らかになった。その間、同船はベトナムと台湾をめぐり、日本の那覇に寄港し、後に横浜港に戻ってきた。ところが、横浜港で感染者が確認され、後に実施された二週間の待機の間に船内で感染者が激増したため、日本政府の対応に世界の関心が集まったのである。同船に搭乗していたのは、乗客乗員あわせて三七一一人で、PCR検査の結果、陽性と判定された患者数は約七〇〇人（このうち、約四〇〇人は無症状）にのぼった。その後、二週間の待機が終わると、乗客乗員は順次下船を開始し、三月一日には全員の下船が完了したが、この段階で、多くの患者は治療中で、残念ながら死亡者も六人（オーストラリアに帰国してから死亡した者一人を含む）、人工呼吸

(53)　チャーター機への搭乗経費であるエコノミー相当の料金約八万円は、当初、自己負担とのことだったが、後に日本政府が支払うことに変更された。筆者は、大学のゼミナールの学生約八人（学部三年生と四年生）に、この費用は誰が負担すべきだと思うかという質問をしてみた。五人が政府負担、三人が自己負担という回答だった。この評価は難しいが、外国旅行の経験のある学生が多かったため、こうした意見分布になったと思う。なお、私個人の意見はここでは述べない。

(54)　（日本）厚生労働省HP「新型コロナウイルス感染症の現在の状況と厚生労働省の対応について（二〇二〇年二月二八日版）」https://www.mhlw.go.jp/stf/newpage_09849.html

器あるいは集中治療室での入院者が三四人にのぼり、順次退院した者は二四二人であった[55]。

今回のSARS-CoV-2を原因とする新型肺炎の日本国内での感染者は、二月の段階ではクルーズ船の関係者が中心だったが、その後、北海道などで市中感染が確認され、全国的な広がりを見せ、感染者の数もしだいに増加し、現在の段階で（三月一二日）、予断を許さない状況となっている。日本政府は、二月末、感染の拡大を防ぐためとして、小中高等学校の一斉休校を要請し、さまざまなイベントの中止なども相次いでいる。この結果、日本をリスク地域として指定し、自国民に対して日本への渡航への注意喚起や中止勧告を行い、日本からの入境者への医療隔離を実施する国や地域が増加している。

こうした中で、三月一二日、WHOはついに現在の状況をパンデミックとする旨の声明を行い、米国政府は、イギリスなどを除き、ヨーロッパ諸国から米国への渡航を一定期間停止するという強硬な措置をとった。中国、特に武漢市や湖北省の状況が沈静化しつつある中で、イタリア、イラン、韓国などで流行が顕著となり、国際化している。二〇一九年末から始まったとされる新型肺炎をめぐる事態は、次の段階に進んだと見ることが出来よう。すなわち、状況は依然として終息が見通せない段階であるため（この原稿を依頼されたのが二月中旬、実際に書き始めたのは三月一日、結論を書いたのは三月一二日）、起承転結を叙述することは難しい。しかし、歴史は、「過去と現在の対話」であるから、感染症の歴史学を専門としている者として、ぜひ書いてみたいと思うテーマもある。本論のテーマであるクルーズ船をめぐる問題もその一つで、全員の下船が完了し、一つの段階が過ぎた現在の段階において、状況を整理しておくことも意味のあることだと思われる。それは、クルーズ船をめぐる出来事が、感染症の流行への対策をめぐる問題、特に、検疫のあり方に対してさまざまな問題を提起していると見ることが出来るからである。

歴史家の仕事は、過去に起きた出来事について、事実と思われることがらを明らかにし、それらの関係を整理し、出来事の背景や要因を説明しながら、それが歴史的事実であるかどうかを判断することである。歴史的事実というのは、実はなかなか入ることの難しい高級会員制クラブで、入会の条件はかなり厳しい。しかし、ダイヤモンド・プリンセスをめぐる一連の出来事は、おそらく歴史的事実として記録されることになるであろう。あるいは、本論を通じて、歴史的事実への仲間入りをさせたいと考えている。

一　ダイヤモンド・プリンセスの長い航海

ダイヤモンド・プリンセス（以下、Diamond Princess＝ＤＰと略す）が横浜港に到着したのは、二〇二〇年二月三日で、同船には乗客乗員あわせて約三七〇〇人が乗っていた。ＤＰは、一月二〇日に横浜港を出発し、二二日に鹿児島、二五日に香港に寄港し、その後、ベトナムと台湾をめぐり、二月一

（55）（日本）厚生労働省ＨＰ「クルーズ船への対応等について」（二〇二〇年三月七日版）https://www.mhlw.go.jp/stf/seisakunitsuite/bunya/0000164708_00001.html#kokunaihassei

日に那覇を経由して、横浜港にもどってきた。COVID—19の陽性判定を受けた乗客は、横浜港から乗船し、一月二五日に香港で下船し、その後、一月三〇日に香港の病院で検査を受け、二月一日に新型肺炎への感染が確認されたのである。その間、クルーズ船は、那覇を経由し（たくさんの乗客が下船して市内観光をしていた）、横浜港に戻ってきた。

香港で下船した患者がCOVID—19に感染していることが確認されたのは二月一日だったが、航海は通常通り行われ、横浜港沖に到着した二月四日に感染の可能性のある者へ検疫が実施され、この段階で一〇名が陽性判定を受け、感染者は日本国内の病院に収容された。その後の情報では、二月一日から陽性患者が確認された五日の早朝までは、DP船内で乗客の行動は制限されておらず、さまざまなイベントも通常通り開催され、乗客乗員は感染の可能性の高い密閉した空間に置かれていた。しかし、陽性患者が発見されると、乗員乗客の合計約三七〇〇人にはDPの船内で待機することが求められ、いわば、缶詰め状態となった。こうして、多くの人々が、二週間の船内待機（医療隔離）の時間を過ごすことになった（「乗客「帰れない」落胆、東京新聞、二〇二〇年二月五日、夕刊、六面）。

いったいDPのようなクルーズ船の検疫は、どこの誰に責任があるのだろうか。日本の場合、通常では、外国からの船舶の入港にはいくつかの役所が関与する。しかし、今回のような感染症の発生にどのように対応するかについての国際的合意はないようである。船舶の日本への入港手続きは、国土交通省海事局の管轄で、その担当者は、「船籍や自国民の割合で、国が対応するかどうかを考える。人命の危機が迫っていれば人道的な面から近隣国ということもあるだろう」としながら、同省には入港を拒否する権限はなく、入港の制限をする場合には、港湾を管轄する地方自治体（横浜港の場合は、横浜市）に対応を依頼するとのことであった。DPの場合、日本旅券を持っている人数が多かったことが今回の事件の背景であり、乗客乗員を乗船させたままにしているのは、「検疫法にもとづいて検疫が続いている」という整理（解釈）によって検疫を実施したとのことであった。国際連合の海洋法条約では、寄港先が定まらないという事態は想定されておらず、クルーズ船の船籍や会社の所在地（登記先など）、目的地のどの国のどんな機関がクルーズ船に対する責任を持つかについての明確な規定はないようである（「さまよう客船　誰が助ける?」、東京新聞、二〇二〇年二月一一日、二二面）[56]。ちなみに、DPは、英国船籍、米国の会社が経営しており、東アジアを中心に運用されている。乗客の国籍は五〇か国以上に及ぶとされ、インド国籍やフィリピン国籍などの乗員がたいへん多いようだが、今

(56)　DPを初めからグアム島に移動させてしまい、WHOが中心となって対応をとるべきとの意見（Cruise ship needed better cooperation. *Japan Times On Sunday*, Feb. 23, 2020）があったことは印象的だった。この意見を述べていたのは、OECDに勤務したことのある元官僚で、グアム側が受け入れるどうかは別として（もっとも、実施の受け入れ地としては米軍基地が想定されていたであろう）、その場合は、米国旅券保持者は追加的な一四日間の追加的な隔離を受ける必要がなくなることがこの方法のメリットとされていた。また、DPが米国の会社が経営するクルーズ船であったこともその主張の背景だろうが、米国旅券以外の人員を米軍基地に滞在させることの法的根拠が不明である。もっとも、米国政府や米軍もWHOが基地内で活動することを認めるかどうかも何とも言えない。

回の事態の中で、同船の乗客乗員の正確な国籍は発表されていない。

その後、二週間を予定した船内待機の間に乗客乗員から新型肺炎への感染者が続々と発見され、ついには対応にあたっていた日本の検疫官なども感染してしまった。この間、検査がなかなか進まなかったため、乗客の中から日本政府に対して、全員の検査を実施し「保菌者でない」ことの証明が欲しいとする要望書が提出された。要望書には、医薬品の不足に加え、生理用品などが不足しているという指摘もあった（「クルーズ船　検疫官も感染」東京新聞、夕刊、二〇二〇年二月一二日、一面）。乗客は、長期間にわたって客室での待機を要請され、それに従っていたわけだから、こうした要望というよりは不満が提出されたのも当然のことであった。

二　対応への批判の高まり

ＤＰへの対応をめぐっては、船内で新型肺炎への感染者が激増するにしたがって、さまざまな批判が寄せられるようになった。つまり、ＤＰは検疫船ではなく、感染の培養器だという批判が高まったのである。米国などのメディアもＤＰへの対応に批判的な記事を寄せるようになった。例えば、New York Times が「日本政府の対応は、公衆衛生危機の際に行ってはいけない対応の見本」であるという専門家の意見を紹介したと、日本の新聞が伝えた（「クルーズ船の感染拡大懸念」東京新聞、夕刊、二〇二〇年二月一三日、二面）。これは、おそらく Few Answers for quarantined passengers, *The New York*

Times International Edition, Feb.13, 2020, p.4.という記事にもとづいたものと思われる。日本の新聞を読む限り、New York TimesがＤＰでの検疫のあり方、特に、乗客乗員を一四日間にわたって船内において待機させるという対策が感染者を激増させる結果になっていると指摘した、と受け取られる場合が多かった。しかし、もとの記事をよく読んでみると、たしかに、the government was offering a textbook example of how not to handle a public health crisis という指摘が行われている。しかし、このコメントを出したのは、Experts in crisis management、すなわち危機管理の専門家であって、その専門家も日本にある医療コミュニケーションやヘルスケアを専門としているコンサルタント会社に所属しており、批判のポイントは、"Repeatedly explain what is known and what is unknown, and when people get more information about what remains," "It sounds very simple, but by continuing to do this, people's concerns will be reduced" というものであったから、公衆衛生的な対応への批判ではなくて、危機管理のためのコミュニケーションのあり方がよくないという批判なのであった。しかも、この記事の中では、ＷＨＯのスポークスマンは日本の対応を認めているということも同時に紹介されており、この記事はミスリードであろう。

米国政府も当初は船内での待機が最も安全な選択肢との見解を示していたが、事態の推移の中で、特別機を派遣して自国民の保護と帰還を実施する方針に変更した。この過程では、米国ＣＤＣによる対応への批判も根拠とされた（「「感染広げた」米で日本批判　クルーズ船の自国民救出へ　新型肺炎」、朝日新聞、二〇二〇年二月一六日、二六面）。米国政府は、機敏にチャーター機を派遣し、二月一七日に三二八人が退避し、オーストラリアなどもこれに追随した。諸外国の対応では、自国民を帰還させた後、一四日間の追加的検疫を行うことがセットになっていたため、追加的検疫を実施しない日本の対策に対して批判が高まった（「クルーズ船　割れる対応」朝日新聞、二〇二〇年二月一九日、三面）。この間の経緯もうすこし時間が立たないと評価は難しい。WHOや各国政府は、日本の公衆衛生や医療の水準への信頼のもとで、感染の可能性のある自国民を帰還させるのではなく、日本の横浜港沖での対応に任せていた感があり、DPでの感染者の急増の中で、国内世論の動向を見ながら、方針を転換したと考えられる。つまり、クルーズ船のような管轄権の曖昧な船舶において、感染症に罹患した患者が確認され、しかも、その感染症が未知のもの＝新興感染症であった場合、それにどのように対応するかというルールはほとんどなかったのである。

新型肺炎に罹患した乗客が出る可能性が懸念され、寄港の予定を変更せざるを得なかったのは、DPだけではなかった。ウエステルダム（Westerdam）号というクルーズ船（オランダ船籍）は、フィリピン、タイ、台湾、グアム、また日本への入港を拒否され、結果としてカンボジアの港に寄港することになった。乗客乗員のCOVID―19への感染が確認されていない段階では、乗客がワインを楽しむ光景も報道され、運営会社が、クルーズの費用を返還し、乗客が帰国するための航空運賃を負担し、さらに一四日間のクルーズに招待するとされたので、何やら楽し気な雰囲気の漂う航海のような印象であった（'Lovely' two weeks on shunned ship, *The Japan Times On Sunday*, Feb.16. 2020, p.8）。しかし、その後、同船からも感染者が確認されると、雰囲気は一転してしまった。

三　乗客乗員の下船をめぐる問題

一四日間の待機期間が経過すると、二月一九日から、DPの乗客らの下船が始まった。検査の結果、陽性が確認されなかった高齢者から下船が開始されたが、懸念されたのは、当然のことながら、こうした人々が多くの人々と接触の機会を持つと、二次感染、三次感染が引き起こされるのではないかということである。しかし、一四日間の船内待機をへてCOVID―19への陽性が確認されない場合、それ以上の行動の規制は難しかったはずである。他方、乗客の中からも、下船に際して、PCR検査が実施されたのはだいぶ前のことなので、再検査を求める声が上がったのは当然の成り行きであった（「クルーズ船五〇〇人下船開始」「再検査してほしかった」東京新聞、二〇二〇年二月一九日、夕刊、一面）。

結果として、クルーズ船を下船した乗客（時期は一定しないが、検査の段階では陽性ではなかった）からも感染者が発見されたため（「クルーズ船　下船後また陽性」朝日新聞、二〇二〇年二月二六日、三五面）、批判が高まった。しかし、それでは実際のところ、三七〇〇人にのぼるクルーズ船の乗客乗員をいったん下船させ、かつ、一四日間の医療待機を行うことが出来る施設を直ちに準備できるかといえば、それもかなり困難であった。結局のところ、クルーズ船という多国籍の人員が数多く乗船し、しかもその性格から高齢者がかなりの割合を占める移動手段における感染症の発生というリスクに対して、現在の社会（しかもそれは国際社会でもある）がどのように対応するべきかについての了解事項は存在していなかったということである。

クルーズ船への対応をめぐっては、船内に入った公衆衛生の専門家であり、医師でもある神戸大学の岩田健太郎教授によって、「感染の危険がない安全なゾーンと危険なゾーンが区分けされていない」「船内に常駐する感染症の専門家がいない」などの厳しい批判が行われた。岩田教授は、エボラ出血熱やSARSへの対策の経験も豊富で、「今回ほど自分が感染するリスクを感じたことはなかった」というコメントを新聞などに寄せただけではなく、YouTubeに動画で日本語と英語によるコメントを配信し、一躍多くの関心を呼ぶことになった（「危険域分けず・専門家常駐せず　船内入った神戸大教授批判」東京新聞、二〇二〇年二月二〇日、一面）。この告発的な発言に対しては、DPで検疫にあたった専門家からも批判があり、厚生労働省から危険ゾーンと安全ゾーンを見直すこと、医療関係者への周知の徹底を行うことなどの説明があったとして、岩田教授は米国のようなCDCが緊急時に対応の指揮を執る体制の必要性などに言及しながら、動画自体は削除し、一連の対応を謝罪した。しかし、削除される以前の動画の再生回数は百万回を超えたとされ（「船内管理批判の動画削除　神戸大教授「迷惑かけおわび」」東京新聞、二〇二〇年二月二〇日、夕刊、六面）、世界中の人々がこの問題にいかに高い関心を持っているかをよく示す事件であった。一連の経緯には不透明感も残り、厚生労働省の職員にも感染者が出るなかで、対応の指揮を執る対策本部は船内に置くのではなく、船外に置くべきではなかったかという批判が引き続き寄せられている（「クルーズ船の感染管理「甘い」」、東京新聞、二〇二〇年二月二三日、二九面」）。

専門家のあいだでも、今回のDPをめぐる対応に対しては、日本国内への感染を防いだ（完全ではなかったとしても）という意見があるのと同時に（Experts admit limits of cruise ship quarantine, *The Japan Times*, Feb.26, 2020, p.2）、やはり培養器となってしまったのではないかという批判も根強くある。クルーズ船の検疫がうまく機能しなかったことの理由は、感染のメカニズムが依然として十分にわかっていないこと、あるいは、船内での対策はどうしても乗客に偏りがちであり、その乗客に食料や衛生用品をとどけたりするために働かざるを得なかった乗員は相部屋に生活しており、しかも客室に立ち入らざる得ない場合も多かったので、それが感染者を増加させた原因だったということも指摘されている（Quarantined cruise ship or virus incubator?, *The Japan Times*, Feb.20, 2020, p.2）。また、クルーズ船への対応に多くの医療資源が使われたため、結果として「首都圏の医療機関はクルーズ船の対応で大きな重荷を背負った」ことは事実であり、感染症への対応が可能な設備の整った病院や病床がクルーズ船への対応に向けられざるを得なかったことは、関係者が感染拡大への危機感を強く抱く背景になったと考えられる（東京新聞、二〇二〇年二月二六日、七面）。

以上のような紆余曲折はあったものの、三月一日、乗客乗員全員のDPからの下船が完了した。この間、DPでの対応に参加し、医師の一人も感染したDPAT（災害派遣精神医療チーム）の関係者は、やはり乗員の感染防御が不十分であったのではないかと指摘し、外国からの観光客の誘致に熱心な割には、感染症へのリスク管理が十分ではなかったと反省の弁を述べている（「ルーズな管理感染広げた」東京新聞、二〇二〇年三月五日、二四面）。クルーズ船に乗船していた人々の発症後の重篤化や死亡も出ており、三月はじめにも、DPに乗船していた香港人の男性の死亡が確認された（「クルーズ船の香港人男性死亡」東京新聞、二〇二〇年三月八日、三面）。

三月初め、DPに乗船して隔離の対象となり、米国政府の方針転換によって帰国したものの、米軍基地で新たに一四日間の隔離措置の対象となっていた米国旅券保持者がその措置を解かれることになった（Quarantined passengers from Diamond Princess released in U.S., *The Japan Times*, March 5, 2020, p.3）。しかし、こうした中で、新たなクルーズ船の問題が起きてしまった。今度はハワイから米国のカリフォルニア州のサンフランシスコに向かったクルーズ船のGrand Princessの船内でCOVID―19の陽性患者が発見されたのである（California declares virus emergency following death, *The Japan Times*, March 6, 2020, p.8）。

こうした状況の中で、観光業としてのクルーズ船をめぐる状況は厳しく、DPとは関係ないものの、神戸のクルーズ船会社は倒産してしまった（Virus scare sinks ship firm, *The Japan Times*, March 3, 2020, p.3）。

四　レッスンとしてのクルーズ船への検疫

DPが多くの感染者を出したことは大きな関心と批判を呼んだ。実際のところ、米国政府などは途中で方針を転換し、チャーター機を派遣して、米国旅券保持者を帰還させた。そして、こうした人々に対して米軍基地などでの一四日間の追加的な隔離を実施した。そのため、日本政府の対応に批判が集まるようになったのである。しかし、もともとクルーズ船は隔離のための適切な施設や構造を十分に備えているものではなく、具体的な対策が困難であったことも事実である（Cruise ships are not place for a quarantine: experts, *The Japan Times*, March 9, 2020, p.1)。

その意味では、クルーズ船内での対策と船舶検疫などの検疫一般をめぐる問題はたしかに区別して議論される必要があろう。しかし、クルーズ船をめぐる検疫へのまなざしには、島国である日本にとって、感染症はどこか外国から突然やってくる恐ろしいものであり、それを水際で防ぐことが出来るという感覚が強く摺り込まれていた印象が強い。

日本社会には、検疫への過度な期待があるのではないか。たしかに、検疫は感染症対策の一つの、また重要な手法であるし、また、現在の国際的な感染症対策の制度設計でも、初期段階においては、検疫を通じて感染症の流行の拡大とその程度を抑制することが期待されている。しかし、これほど交通機関が発達し、また、輸送のスピードが速くなり、人員や貨物の輸送のサイズが拡大している中では、島国である日本であっても、検疫に過度に期待することは困難であり、感染症はいずれ国内に持ち込まれる可能性が高い。

今回の新型肺炎の流行をめぐって、中国政府が実施した一都市や省を単位としたきわめて大規模な行動の制限、地域的封鎖は、武漢市や湖北省の人口規模を考えると、公衆衛生の世界史においてこれまでにはなかったケースであった。他方、その手法自体は、住民を自宅に待機させ、行動を自粛させるものであったから、古典的検疫の要素を持つものであった（Howard Markel, Do Quarantines even work? *The New York Times International Edition*, January 28, 2020, p.11）。

検疫の歴史はとても古く、中世ヨーロッパのペスト対策にさかのぼることが出来る。それは、外国から入ってくる感染症を水際で防ぐためのものであり、検疫＝quarantine は、四〇日間の停船を求めたことに語源がある。一九世紀後半になって、さまざまな病原性微生物が発見されると、その侵入を防ぐことによって感染症の輸入を防ぐ制度としての検疫が強化された。この契機となったのは、一九世紀を代表する感染症であるコレラ（アジア型コレラ）であった。コレラは、もともとインド起源の地方病で、一八一七年に感染爆発を起こし、グローバル化した。それを防ぐために厳格な停船の実施を求めたフランスと経済的な影響を懸念したイギリスとの間に検疫をめぐる争いが生じたことはよく知られている(57)。また、検疫の方法は、往々にして差別的なものだったから、検疫の歴史は人種差別と切り離すことが出来ない(58)。

今回のＣＯＶＩＤ—19は、ウイルス性の感染症であるから、検疫の歴史に大きな影響を与えてきたコレラやペストなどの感染症の事例と単純に比較することは慎むべきだが、他方、二一世紀の今日において、感染症対策としての検疫の方法が大きく変化しつつあることも確認しておく必要がある。象徴的なのは、体温の確認で、それが一般化した（法制化）されたのは、二〇〇三年のＳＡＲＳの流行以後のことであった。ＳＡＲＳの流行以後、各地の空港での検疫では赤外線による体温の測定が普通のことになった。また、ＡＩの発達によって、個人の健康情報を集約することは技術的にはそれほど困難ではなくなっている。その意味で、今回の新型肺炎の流行を契機として、検疫のあり方が変化し、それが公衆衛生のあり方にどのように影響するかに注目しておく必要がある。

感染症の歴史学を専門としている筆者は、世界各地の状況についての情報を集約するため、海外安全情報をすべて受信することにした。これは、日本の外務省が在外公館を通じて、主として居留者や長期の旅行者を対象として提供している情報で、無料であり、外務省のホームページから登録すると、電子メールで在外公館の発信している情報を入手できる。通常は、各地で起きている交通機関のストライキやデモ、さらには犯罪の発生などが中心だが、現在は、ＣＯＶＩＤ―19に関する多数の情報が提供されている。この情報によって、各地の感染状況を確認できるとともに、各国政府の国内的な対応と日本への対応（日本からの渡航者へ、また、各国から日本への渡航者へ）を確認できる。

新型肺炎の推移の中で、日本はかなりの数の国からリスク・カントリーとして指定されることになった。状況は日々変化しているので、この文章が公刊される段階で、この記述はアウトオブデイトなものになっていると思われるが、行論の都合のために書いておくと、三月一日の段階で日本の外務省の情報によると、日本を含む感染者確認国・地域からの入国・入域制限を行っているのは、モンゴル、

(57) John Booker, *Maritime Quarantine: The British Experience, c. 1650-1900*, Hampshire 2007.

(58) Myron Echenberg, *Plague Ports: The global urban impact of bubonic plague 1894-1901*, New York 2007.

キリバス、クック諸島、サモア、ソロモン諸島、ツバル、バヌアツ、仏領ポリネシア、マーシャル、ミクロネシア、トリニダード・トバゴ、イスラエル、イラク、クウェート、サウジアラビア、バーレーン、コモロ、で具体的なあり方にはそれぞれの国や地域の論理が反映されていた。インドは、日本国籍者の渡航に対して電子ビザの発給を停止し（二月二七日以降）、日本及び韓国国籍者の渡航者に対し到着ビザの発給を停止した（二月二八日以降）。また、入国・入域後の行動制限性措置が行われているのは、インド・ケララ州、キルギス、タイ、中国、ネパール、ベトナム、ラオス、仏領ポリネシア、コロンビア、セントビンセント、セントルシア、チリ、パラグアイ、カザフスタン、ジブラルタル、台湾、ジョージア、タジキスタン、トルクメニスタン、マルタ、ラトビア、イスラエル、オマーン、パレスチナ、シエラレオネ、スーダン、ベナン、リベリア、バーレーン、であった。こうした地域は、日本に加え、新型肺炎の散発的な発生が確認されるようになった韓国やイラン、イタリアなどの諸国も行動制限措置の対象としていた。

このあたりの事情が複雑なのは、日本からの渡航者も必ずしも日本国籍者とは限らないからである。そして、こうした措置がとられるのは、それなりの事情があると思われる。つまり、より厳しい措置をとった国には、キリバスからコモロまで島国が多い。これらの島国の中で、日本に比較的なじみのあるのはソロモン諸島である。この国を舞台とした第二次世界大戦中のガダルカナルの戦いは、日本の敗戦に至る日米戦争の転換点だったからである。そして、人口はとても小さい、数年前で六五万人とのこと。こうした人口の少ない島国が厳格な対策を志向したのは理解できる。もし、今回の新型肺炎が持ち込まれて流行するようなことになれば壊滅的な被害を受ける危険があるからである。感染症の歴史学はこうした事実を明らかにしてきた。よく知られているのはハワイの事例で、ヨーロッパ人が持ち込んだ天然痘などの感染症によって、ハワイの島々の人口は激減し、ハワイ王国も米国によって併合されることになった。現在のハワイに中国系や日本系のアジア系人口がきわめて多いのは、ハワイの先住民が感染症の流行によって激減したため、プランテーションの労働力として多くのアジア系の移民が導入された結果である。

渡航の制限に関しては、状況の変化は著しく、三月一二日の段階では、日本を含む感染確認国からの入国・入域制限を行っているのは二九カ国と地域、日本からの入国後に行動制限がとられている国・地域は七〇カ国に増加した(59)。そして、三月一一日（米国時間）、米国政府は、イギリスを除くヨーロッパからの米国への渡航を制限した。それからすると、近く、日本に対しても同様の措置がとられる可能性が高い。

こうした状況の変化の中で、印象的なのはスイスの対応である。在スイス日本大使館の情報（日本時間二〇二〇年三月一〇日、但し、現地では、三月九日）によると、スイス国内における感染者は三一一人で死者は二人であった。この数字は、スイスの人口が約八五〇万人であることを考えると、決して

(59)　（日本）外務省、新型コロナウイルス（日本からの渡航者・日本人に対する各国・地域の入国制限措置及び入国・入域後の行動制限）、https://www.anzen.mofa.go.jp/covid19/pdfhistory_world.html、二〇二〇年三月一二日。

少なくない。しかし、三月九日の段階で、スイスの内務省保健局は、公式ホームページからCOVID—19の感染地域と認識している国や地域の記載を削除した。その理由は、「世界のほぼすべての地域で新型コロナウイルスに感染するリスクがあるため」であった。そして、スイスでは空港における水際での制限措置などは導入しておらず、日本との往来に影響もないとしていたのである。

三月一二日の同様の情報では（現地では、三月一一日）、スイスでの感染者は六一二人、死者は四人とほぼ倍増した。その結果、スイス連邦税関局は、九日からスイスとイタリアの国境において往来を監視するため、国境検問所でモニタリングを開始した。しかし、労働許可証の所持者については特段の入国制限は実施せず、不所持者について入国を控えるよう勧告するにとどめている。依然として、スイスでは空港における水際での制限措置などは導入しておらず、日本との往来に影響はないということであった。

スイスがとっている判断は、世界のほぼすべての地域でCOVID—19による新型肺炎への感染のリスクがあるため、検疫にはほとんど意味がないという考え方によるものであろう。陸上の国境を持っているスイスの事例と日本の事例を単純に比較することは出来ないとはいえ、今日的な感染症対策のあり方という意味で参照されるべき事例である。

以上の検疫をめぐる理念の相克は、科学的、専門的知見と政策との関係の問題でもある。実際には、専門的な知見や科学的な知見も一つではなく、ある範囲のなかでの確率的な確からしさであるから（つまり、ひとつの処方がすべてを解決できるわけではなく、どんなに効果的な方法にも副作用はかならずある）、絶対的な正しさを求めるよりは、むしろ、ある種の判断や選択であると言わざるを得ない。重要なのは、感染症対策において専門的な知見や科学的な知見をどこまで活用することが出来るのか、という点であろう。感染症対策を考える時、それはしばしば、行政官と科学官僚（技官といわれる）との確執として語られる場合がある。クルーズ船への対応を含め、現在までの日本政府のＣＯＶＩＤ—19を原因とした新型肺炎への対応では、政治的な判断が喧伝されている。その意味で、政策と科学の乖離をどのように管理するかも問われるべきである。

実際のところ、ＤＰをめぐる問題は、もっと時間が経過してからでないとその判断は難しい。その批判は様々な面に及んでいるが、クルーズ船への対応をめぐっての意思決定の不透明さなども指摘されており、さらに、意思決定の記録がきちんと残されていないのではないかという批判があることは銘記されるべきである（「識者提言　「水際検疫」限界　各機関連携強化を」東京新聞、二〇二〇年二月二〇日、二七面）。クルーズ船の乗客乗員の証言もしだいに明らかになりつつある。乗客に客室待機を求めた二月五日以降も「乗員は行動を制限されず、ウイルス検査で陽性だった乗客と接触していた。マスク着用以外の感染防護策は乗員任せだった」という証言もある（「「行動制限なし」乗員証言、東京新聞、二〇二〇年三月九日、二面」）。今後こうした証言が数多く出されるはずであるが、ぜひ、オーラル・ヒストリーの準則に従って、組織的に証言記録を残すことが必要である（Avoiding another cruise nightmare, *The New York Times International Edition*, 2020, March 11, p.4）。これは、犯人探しではなくて、国際的なレッスンとするためにはぜひとも必要なことがらである。

二〇〇九年の新型インフルエンザの流行に際しては、二〇一〇年六月、厚生労働省の新型インフルエンザ対策総括会議が、一一人の専門家で構成される会議により問題点を明らかにした報告書を作成している。報告書は事態のほぼ一年後に公表され、その内容は、危機管理や広報を専門に担う組織の設置や人員・体制の大幅な強化などを提言するものであった。また、専任のスポークスマンを配置することなども盛り込まれており、医療や公衆衛生全般への提言と同時に、米国のＣＤＣにならった組織の創設につながる提言や感染症対策におけるコミュニケーションのあり方も問題にされていた（「広報・危機管理強化を」毎日新聞、二〇一〇年六月八日、六面）。しかし、残念ながら、今回の事態に関して、こうした経験が十分に活かされた形跡はあまりない。実際には、二〇一一年の東日本大震災の発生によって、日本社会の危機管理に関する関心が原子力や地震・津波に向いたこともその要因であろう。その意味では、今回の事態が終息されたのちには、フランスが二〇〇九年のインフルエンザの流行に対してとった対策の検証を、政策判断の妥当性、中央における行政と現場の距離や乖離、各種のコミュニケーションの欠如、専門家の意見の違いなどから検証したことが参考にされることも必要であろう(60)。また、その際には、クルーズ船での状況をインタビュー記録として残し、それを今後の対策を立てるための貴重な経験とすることも必要であろう。

おわりに

今回のCOVID—19を原因とする新型肺炎の流行では、さまざまな差別という見慣れた風景もあった。中国人を対象としたものとしては、米国におけるチャイナタウンの事例（For Asian-Americans, a sneeze brings suspicion, *The New York Times International* Edition, Feb. 18, 2020）やモスクワの公共交通機関で中国人への過剰な職務質問が行われていること（「モスクワ交通機関　中国人取り締まり」東京新聞、二〇二〇年二月二九日）などがある。また、ドイツのライプチヒではサッカー観戦の日本人団体客がスタジアムから追い出されてしまった。しかし、この対応は誤ったものであるとの声明も発表された（「日本人団体客追い出される」東京新聞、二〇二〇年三月三日、六面）。

横浜中華街でも、いくつかのレストランに中国人を中傷する手紙が届いた。横浜市長はこれをヘイトスピーチとして批判した（「中華街の店に中国人中傷の手紙」東京新聞、二〇二〇年三月七日、一八面）。もっとも、翌日にはそのレストランには行列ができたとのことである。

「感染症は差別や摩擦とともにやってくる」ということがらとは異なった動きも顕在化した。日本

(60)　以上の着想は、医学部を卒業し、厚生労働省に医系技官として入省し、フランスに留学した経験のある、入江芙美『医系技官がみたフランスのエリート教育と医療』ＮＴＴ出版社、二〇一五年、一八九～一九六頁から大きな示唆を受けた。ちなみに、医療制度の国際比較において、国民の健康水準、満足度や制度の機能性、医療負担の公平性において、日本の医療制度は世界一との評価を得たことがある。しかし、医療制度のパフォーマンスを加味すると日本は第一〇位にとどまるとのことも同書で指摘されている（一〇三～一〇四頁）。

の水戸市は、一月二八日、友好都市の重慶市にマスク五万枚を送り、「中国加油」というメッセージを添えた。広島県もマスク八万枚を四川省に送り、中国大使館のある東京都の港区は、マスク五万枚を中国大使館に届けた。これらは一例に過ぎないが、ネット上やSNSなどで拡散している昔ながらの摩擦や差別だけではなく、「困った時にはお互いさま」という感覚での行動も顕著である（東京新聞、夕刊、二〇二〇年二月一日）。その中で、「山川異域、風月同天」という言葉が日本からの支援物資に書かれていたことは大きな反響を呼んだ。この言葉は、約一三〇〇年前に天武天皇の孫である長屋王が唐の高僧で日本への仏教の伝来にたいへん力を尽くした鑑真に贈った言葉で、これによって、鑑真が来日を決意したとされている（東京新聞、二〇二〇年二月一四日）。

新型肺炎の中国及び世界への拡散は現在進行形である。日本政府はあまり準備のないままに小中高等学校の一斉休校の要請（学校の休校は、設置者である地方公共団体の決定が必要なので、地域によっては休校していないところもある）や各種イベントの自粛の要請を行った。また、行動制限などの私権への介入を含む関係の法律を制定し、対策を厳格に実施することが出来るよう法整備をはかっている。こうした中で、三月一二日（日本時間）、WHOが現在の状況をパンデミックと理解する旨の声明を出し、米国政府は、イギリスなどを除き、ヨーロッパ諸国から米国への渡航を停止するという強硬な措置をとった。もちろん、これらのヨーロッパの中にはスイスも含まれている。

これらが、感染症の流行の中で、はたして「正当にこわがる」対応かどうかは、いますこし時間がたってみないと判断できない。「正当にこわがる」という表現は、日本の有名な文学者の寺田寅彦の言葉で、寺田は地震学者であったから、浅間山の噴火のときの様子を論じながら、災害を適切にこわがり、適切な対応を取ることはたいへん難しいと述べたのである（「小爆発二件」『寺田寅彦随筆集』第五巻、ワイド版岩波文庫、一九九三年、二五八頁、初出は『文学』一九三五年一一月）。実際には、日本の社会は、直近でも東日本大震災（二〇一一年）や阪神・淡路大震災（一九九五年）などの経験をしており、さまざまな被害や問題に直面したので、それに成功したとは言い難い。そうした中で、今回の新型肺炎のパンデミックは、さまざまな出来事を正当に記録し、それを歴史化することによって、ある種のレッスンとすることが出来るもののはずである。ＤＰというクルーズ船をめぐる事例は、まさにそのように活かすべき事例である。感染症の歴史学は、感染症と人類社会の関係に対して、さまざまな知見を提供してきた。ここで、もう一歩歩みを進め、「正当にこわがる」ための知見を整理し、それを歴史化することは、意味のある営為だといえよう。本論はそのための第一歩である。

（付記）

この文章は、もともと、広州の『開放時代』という雑誌の求めで、日本語で書いたものを諸志華さんに中国語に翻訳していただき発表したものである。諸さんにあらためて感謝するとともに、日本語版の転載を許可して下さった同誌に感謝したい。

二〇二〇年に流行した新型肺炎（SARS-CoV-2＝Severe acute respiratory syndrome coronavirus 2が新型のコロナウイルス、COVID-19＝Coronavirus disease 2019は感染症を指す）についての最初の文章である。

原稿依頼があったのは二月のことで、その時期、中国で感染の拡大が顕著であったからだろう。そして、はじめてのコロナ関係の仕事の依頼だった。その後、新聞からの取材を受けたり、雑誌に文章を発表したりと、ずいぶんと慌ただしい生活になった。日本記者クラブでの会見（四月三日、この記録はユーチューブにある）というのもあって、これは大学の問題での謝罪会見などではなくて本当によかった。

この原稿の準備のために外務省の情報を受信したことは、その後とても役に立った。現在でも続けているが、一日のうちに一〇〇件を超える時もあって、なかなかたいへんだが、資料のひとつである。この文章を書いていた四月初め、中国の状況はかなりコントロールされ、武漢などの都市封鎖も解除された。世界的なパンデミックの中で、感染の中心はヨーロッパや米国に移り、特に、米国の状況が深刻になった。日本では四月初めから緊急事態宣言となり、八〇パーセントを目標とする行動の制限が要請された。実は、この八〇パーセントの根拠となった調査研究を進めている「八割おじさん」の西浦博君（当時は北海道大学、理論疫学、現在は京都大学）は古くからの友人で、私は、普通は政府の言うことはあまり聞かないが、今度ばかりは、西浦君に従って、ほとんど家に立て籠もった。それもあって、こうした原稿の調整も可能になったということ。校正を進めている八月、「米国の失敗」は明らかであり、日本でも感染が再燃している。

六　コロナ禍の中で—長崎への旅

アフターではなくウィズ

四月初めのこと、取材を受ける中で「コロナ後の世界を展望する」という言い方にある種の新鮮さを覚えた。東京での感染者が連日百人を超える時期だったので、いささか気が早いのではないかとも感じた。しかし、渦中だからこそ、アフターを展望したいという気持ちがあったのだろう。最近は、アフター・コロナではなく、ウィズ・コロナという言い方が多い。コロナがなくなるアフターを展望するのは難しく、要は、ウイルスのご機嫌を伺いつつ、どうコロナとつきあっていくかが求められているということなのだろう。

そんな中、七月一日から三泊四日で、ほぼ半年ぶりに飛行機に乗って長崎に出かけた。長崎大学熱帯医学研究所での仕事、「不要不急」ではなかったと思う。羽田空港への道すがら、前回の飛行機での移動はいつのことだったか記憶をたどってみた。一月初めに個人旅行でソウルに行って以来のことだとわかった。

二月末から三月にも何回か外国と国内の出張を予定していたが、いずれも延期になった。緊急事態宣言が出される中で、ほぼ自宅での生活、大学の仕事や授業なども全てリモートになったため、買い物や公園での散歩などを除くと、ほとんど外出することがなかった。私としては、珍しく言われたことに従ったということになる。巣ごもり生活を支えて下さる生活必需品の生産や物流を支え、また、医療や介護などに従事している方々に感謝しないといけない。例の一〇万円は六月一二日に入金された。書類が来たのが五月三〇日、翌三一日に投函したので、二週間かかっていない、すこし驚いた。そこで、慎重に対象を選んで寄付した。ちなみに、ＷＨＯへの寄付も可能である。しかし、税金の控除の対象にはならない。税体系を考えれば確かにその通りだが、そのことがＷＨＯの運営のための資金問題を象徴している。その前にマスクも配達されたが、使っていない。

半年ぶりのフライト

七月一日の朝、羽田空港へ。京浜急行で行くのが便利だが、通勤時間帯だったためちょっと身構えた。ちなみに、水曜日。しかし、思いのほか空いていた。

空港では、手荷物検査の前にまず体温検査。サーモグラフィーによるもののため、それほど目立たない。体温検査の法的な根拠は何か？　紙が一枚、「国土交通省からの要請」と「国土交通省・厚生労働省からのお知らせ」が記載されており、体温検査は後者にある。つまり、厚生労働省からのお知らせによって体温検査が行われている。紙を丁寧に読んでみたが、説明くどくて、わかりにくい。なお、体温が三七・五度以上あった場合に搭乗できないことは、各航空会社の運送約款にもとづくとのこと。外国語での説明はなかった。現在の「鎖国」に近い状況の中ではそれでもなんとかなっているということか。体温検査の必要性を認めつつも、何かすっきりしない。

飛行機への登場はゲートではなくバスだった。家族連れなどはほとんど見あたらない、つまり仕事で行く人がほとんどのようだった。印象的だったのは、機内サービスが制限されていること。例えば、毛布を貸してもらえない。機内が寒くてひざ掛けとして利用することが多かったので、これには困った。自衛も必要だろう。上着を着ていたので、なんとかしのぐ。それにしても機内は空いている。空港もガラガラだった。実際、かなりの便が欠航している。そのためか、時間になるとドアはすぐに閉まり、離陸もほとんど待たされなかった。以前の羽田空港の状況を思えばとても驚く。しかし、これでは航空会社は経営厳しいだろう。客室乗務員はマスクをして手袋をつけている（書き忘れたが、私もマスク着用）。不特定多数の人々と同じ空間にいてサービスする仕事だから、この仕事はリスクがある。飲み物のサービスの時に、アルコールシートという手指の消毒のためのシートとそれを捨てるためのビニール袋を配ったりと、依然として忙しい。要は私もかなり身構えて長崎に行ったということ。機内の空気も緊張しているように感じた。

長崎での仕事

感染症の抑制のための対策をめぐる古い資料を見るのが今回の仕事である。長崎大学熱帯医学研究所というところにある。この研究所は、一九四二年に開設された東亜風土病研究所以来の感染症対策の貴重な資料を持っていて、熱帯医学ミュージアムという博物館も併設している。多くの資料はデジタル化されていないから、ここに行かないと見ることが出来ない。

ずいぶん昔のことになるが、コロナウイルス感染症への対策、いわゆる三密対策を提言し時の人となった西浦博教授（当時はまだ大学院生だった）と、研究所の暗い書庫で疫学的な資料を探して、一緒に作業をしたことを思いだす。ある番組で、会議の途中で西浦君がカップラーメンを食べているところが映され、もっとましな食べ物を出してやれないものかと思ったという感想があるのをある本の中で読んだ(1)、同感。但し、西浦君は昔から食べ物にこだわらずに、寸暇を惜しんで研究していた。レトルトカレーのビーフとポークは違う食物だと言って朝晩食べていたので、それはまちがっていると意見したことが思いだされる。人からああしろこうしろと言われると別のことをする私が、ステイホームに熱心だったのは、政府の言うことを聞いたというよりは、西浦君の言うことに従おうと思ったのである。

西浦君をめぐっては、この数か月、本当にいろいろなことがあった。それは、この短い文章の中ではとても書き切れない。「自粛」という名前の社会的「強制」、八割の接触制限を求める行動変容の提言は、私からしても厳しいと感じるところが多かった。批判も多かった、今でも多い。けれども、私を含め多くの人々は、今回の感染症に対しては、治療薬やワクチンがないため、まずは古典的ともいえる公衆衛生的対策を取らざるを得ないのだということを理解し、それに従ったのだと思う。その意味でとても感謝している。評価は、私たち歴史家の仕事である。だから、資料を残してほしい、メモ一枚も廃棄してはいけない。

ウィズ・コロナの中で

何事かが恐ろしいのは、それ自体の恐ろしさもあるが、実は正体がわからないから恐ろしい場合が多い。今回の状況の中で、何がしんどいかと言えば、ウィズ・コロナという状況がいったいいつになったら、アフター・コロナにかわるのかが見通せないことである。七月初め、日本の状況はなんとなく小康状態、問題は東京・首都圏で、横浜市民の私としては長崎への移動に躊躇もあった。しかし、感染の可能性をゼロにするためには、活動を完全に止めなければならないし、それには問題もある。要は、何か行動を起こすときに、そのリスクを理解して、感染の拡大を減らすような論理と倫理を自分なりに意識できるかどうかにかかっているのだろう。

そんな中で、西浦君は、七月九日、日本循環器学会の学術集会で山中伸弥教授と対談し、現在は、「野球でいえば、一回表でウイルス側の攻撃中」と述べた（この様子はYouTubeで見ることが出来る、必見だと思う）。実は、私自身は、中国での感染拡大がいったん収拾し、日本での抑制状況を見て、「起承転結」の「承」くらいの段階かと思っていた。それで、いくつかの文章にそれを書いたこともある。

（1）　川村湊『新型コロナウイルス人災記』現代書館、二〇二〇年五月、五三頁。この発言は正確には、川村氏の妹さんの発言。なお、同書には、西浦批判、専門家会議批判もかなり書かれている。

けれども、どうも甘かったようである。事実、この文章を書いている七月中旬には、東京を中心に感染者が再び増加して、状況は予断を許さない。歴史学を職業とした者として、現在をどのように理解するかによって、過去への理解がたしかに変化することも感じた。賢者は、経験ではなくて歴史から学ぶのだと言うけれど、実際には、歴史から学ぶことは本当に難しいと実感した。

Ⅲ　歴史学の授業

一　外国で「世界史」を語る

〈初出〉「外国で「世界史」を語る」『じっきょう　地歴・公民科資料』No.75、二〇一五年四月、一～五頁

外国で授業をする

年齢を重ねたからだと思うが、会議や資料調査などのため外国を訪れると、ついでに授業をしてくれと頼まれることが多くなった。言葉の面はもちろん、いろいろたいへんなことも多いが、逆に、私が外国人の友人に授業してくれるように頼むこともあるので、このリクエストは断らないようにしている。

授業で話すトピックスは、専門的な内容のこともある。これはむしろ喋りやすい。けれども、一回限りの場合も多く、あまり専門的な内容を話すわけにはいかない。そこで、最近は、Global History and National History（英語バージョン）あるいは「世界史与本国史」（「与」は and のこと、「世界史と自国史」、中国語バージョン）を用意しておき、大学の学部生を対象とする場合にはこの内容を話す。これは、今回の新しい教科書（この文章は、世界史教科書の刊行に際して執筆したもの—補記）でも触れた

「歴史を共有することは可能なのだろうか」（302 世界史A、実教出版、二四三頁）という問いに関係がある。

多少順をおって説明する必要がある。この授業でまず話すのは、「私はなぜ歴史学を専攻したのか」、そして「どのように大学教員となったのか」という話題である。前者は、勉強のきっかけ、後者は、歴史学の制度（とくに大学）にかかわる。授業はだいたい歴史学を専攻している学生を対象とすることが多く、この内容は導入としてうける。とくに、中国や台湾、韓国の学生の場合、なぜ日本人である私が歴史学、それも中国の歴史や東アジアの歴史を専攻し、しだいにテーマを変遷させていったのかという話題はそれなりに興味を引くようである。私は、中学か高校の教員になるつもりで教育学部に進学し、いろいろいきさつがあって、留学、大学院への進学をへて現在に至るが、その事情は別に書いたことがあるので、ここでは書かない(61)。

日本史、東洋史、西洋史という制度

次に、日本の歴史学の制度について説明する。ここにいう制度とは、中学の「歴史」、高等学校「地理歴史」のなかの「日本史」と「世界史」、さらに、大学における「日本史」、「東洋史」、「西洋史」のことである。中国、台湾、そして韓国の大学は、日本と似た制度なので、このあたりは説明しやすい。但し、韓国では「東洋史」とは中国史と日本史をさす。中国には、「東洋史」はなくて、「中国史」と「世界史」（中国史以外はすべて）にわかれる。その他の国ではかなりバリエーションがあるので、

これを学生に質問して時間を稼ぎ、授業を進める。

いくつか強調することがある。まず、日本の東洋史に関して。日本の東洋史は、中国や朝鮮、モンゴル、さらに、東南アジア、南アジア、イスラームの歴史と多様である。日本の高校生が丁寧にこれを学ぶことを紹介する。また、アフリカは日本の学問分類では西洋史に入っている。明らかにおかしいが、紹介するにとどめ、のちの伏線とする。

中国や台湾、韓国の学生は、自分たちの制度と日本の制度がかなり似ていることに気付く。そこで、違っている点を教える。中国や台湾、韓国の歴史学と日本の歴史学の違いのひとつは外国史研究の有無にある。つまり、日本では、外国史研究がきわめてさかんで、山川出版社の『世界各国史』というシリーズの著者をほとんど自国でまかなうことが可能であることを教える。冷静に考えてみるとわかることだが、この蓄積は驚愕に値する。こんな制度と人材をもっているのは他には米国だけである。

中国や台湾、韓国では歴史学とは事実上、自国史のことで、外国史研究はあまりさかんではなかった。もうすこし丁寧な説明が必要だろう。中国の歴史学はほとんど中国史だった。しかし、近年、大きな変化がある。外国留学の経験を経て、外国史の研究者が養成されつつある。台湾の状況はすこし複雑である。台湾の歴史学はながく中国史であった。台湾史は、これを研究したり、教育すること自

---

(61)　飯島渉「Yさんと中国の現代史」東京大学出版会『UP』四四二号、二〇〇九年八月。本書に収録した。

体ができなかった時代が続いた。しかし、国民党の一党独裁がおわり、民主進歩党による政権交代がおこる前後から状況は動き（『認識台湾』という教科書の存在が大きかった）、中国史と台湾史が拮抗した。この状況は現在でも続いている。韓国の場合、外国史の中では中国史の位置が大きかった。それは歴史の問題であった。

なぜ、日本では外国史、つまり西洋史と東洋史がさかんなのか。授業では、次にこの問題を考えてもらう。その答えはいろいろあるが、日本の歴史学がヨーロッパの歴史学を軸に実証主義的な研究を導入し（大学における歴史学）、イギリス・フランス・ドイツなどの西ヨーロッパ諸国を近代化のモデルとして国家建設、教育の制度化をはかったことが正解の一つである（これを近代主義と説明する）。次に、日本が中国や朝鮮から大きな影響を受け、とくに、漢学の伝統を蓄積し、他方、一九世紀末から二〇世紀の前半、台湾、朝鮮、樺太の植民地化、ミクロネシア、満洲、中国さらには東南アジアに関与したことが背景となっていることを紹介する（植民地主義）。そして、自国の歴史への関心を紹介する（日本主義）。こうした三つの流れの延長線上に、大学における日本史、東洋史、西洋史があり、高等学校の歴史に日本史と世界史があり、世界史は東洋史と西洋史からなりたっていることを教える。

ここで注目させるのは、外国史がさかんなところは、植民地を持ったところだということである。イギリス、フランス、ドイツ、アメリカ、日本など、そうした国を除くと、外国史研究はほとんど存在していない。また、ここで、日本ではアフリカ史が西洋史に入っていることの意味に気付かせる。

戦後の世界史教科書の変遷をみると、世界史は、はじめは中国史とヨーロッパ史を合体させたものだった。しかし、東南アジア、南アジア、西アジアなどを対象とする研究者が養成され、その研究成果が参照されると、内容も変化した。一〇代後半を対象とする中等教育において、ここまで詳しく外国史、それも古代から現代までをまんべんなく教える国はほとんどない。これが、新しい教科書の「世界史への招待状」の中に書いた「世界史の秘密」である。そして、その背景には、近代主義と植民地主義の歴史がある。世界史Aの教科書を編集する際に、執筆者が一堂に会して、どこまで内容を詳しくするかを議論したことがある。そして、教科内容の充実に対応しながら、教科書をもうすこし厚く作りましょうという方針で一致した。こんなことがあるのはおそらく日本だけである。その意味で、日本の「世界史」は、豊かな内容と同時に日本の歴史が刻印された科目なのだが、外国での授業の際には、なかなかそこまで踏み込めない。

中国や台湾の「世界史」、韓国の「世界史」

次に、授業を受けている学生が、「世界史」でどんなことを勉強してきたかを質問する。これはいささか驚くことがらで、中国や台湾、韓国の高校生は日本の高校生とほぼ共通する内容を勉強してきている。それは、四大文明からはじまり、ギリシア・ローマ、インド、中国などの古典古代文明、中世ヨーロッパやイスラーム世界の展開にみられる地域的文明圏の展開、その後の大航海時代、西ヨーロッパの発展、産業革命などである。西ヨーロッパの発展については、イギリスの議会制度、フランス革命、アメリカ独立などが重要項目である。つまり、その内容は驚くほど日本の「世界史」と共通しているのである。

これにはいくつか理由がある。例えば、中国の世界史教科書では、マルクス主義に特別な配慮がはらわれているが、マルクスやエンゲルスを説明するためには、産業革命に言及しなければならないし、フランス革命にもふれる必要がある。

印象的なのは、今日、歴史認識問題として、日本と中国、日本と韓国のあいだで、つねに歴史的事実の認定やその評価をめぐる緊張関係（これは、日本と台湾のあいだに同様の問題がないという意味ではない）があるにもかかわらず、拍子抜けするほど、「世界史」の内容が共通しているのはどういうことか、ということである。

この背景には、日本の「世界史」が中国や台湾、韓国における「世界史」に大きな影響を与え、その教科書が意識するとしないとに関わらず、日本の「世界史」が事実上ある種のスタンダードを提供していることがある。授業の中で質問する。「なぜ、君たちはかくも遠い、しかも大昔のギリシアやローマの歴史を勉強しなければならなかったのか」と。

歴史をめぐる対話

歴史認識問題が表面化したのは一九八〇年代のことであった。その焦点は高等学校教科書の記述にあった。その後、繰り返し問題が惹起されたが、つねに問題となったのは、主として日本と中国のあいだの歴史的事件、日本と韓国のあいだの歴史的事件であった。日中戦争のなかで引き起こされた南京での虐殺事件の記述や韓国併合をめぐる外交的な正統性の記述が問われたのであった。

こうした状況の中で、その対立を克服するべく、日本と韓国のあいだで二期にわたって歴史共同研究がおこなわれている。(62) また、日本と中国のあいだでも同様の試みがある。(63) これらは、政府があとおしする双方の歴史学界の認識のすり合わせの試みだが、実際のところ、見解の相違はきわめて大きい。また、民間ベースでは、中国、韓国、日本の三国の共通教科書（教材）を作ろうとする試みもある。(64)

この問題をめぐっては、いくつか指摘しておくべきことがある。ひとつは、歴史認識問題は、日本と中国、日本と韓国、さらに日本と台湾のあいだにのみ起こっているわけではないことである。中国と韓国のあいだでおこっている歴史認識問題の一つに、高句麗の歴史的位置づけをめぐる対立がある。中国の研究者が（但し、意見が完全に一致しているわけではない）、高句麗が中国王朝の一地方政権であったとする見解を表明したことに対して、韓国の研究者がはげしく反発した。ちなみに、北朝鮮の研究者もこうした中国の研究者の見解を批判している。(65)

次に、歴史認識問題は、歴史学研究の方法の問題として、実証主義的な歴史学、すなわち史料（へ

---

(62)　日韓文化交流基金ＨＰ　http://www.jkcf.or.jp/projects/kaigi/history/

(63)　外務省ＨＰ　http://www.mofa.go.jp/mofaj/area/china/rekishi_kk.html

(64)　《東亜三国的近現代史》共同編写委員会『東亜三国近現代史』社会科学文献出版社、二〇〇五年。

(65)　安妍宣「共有された高句麗の歴史と文化遺産をめぐる論争」（鈴木梨恵子訳）近藤孝弘（編）『東アジアの歴史政策――日中韓　対話と歴史認識』明石書店、二〇〇八年。

の記載）の有無によって史実を明らかにしようとする方法への懐疑を生み、歴史における記憶などの重要性が提起された(66)。

こうした状況の中で、知見を学部の学生にきちんと伝えるのはなかなか困難である。だからあまり欲張らないようにしている。また、気をつけるべき問題もわかってきた。例えば、中国語で授業をするときに、中国と台湾の関係に言及する際の言葉には十分に注意を払う必要がある。「中国」、「中華人民共和国」、「大陸」、「中華民国」、「台湾」、「台湾省」などの言葉は、それをどのような文脈で使うかによって明らかに価値判断を含む表現となる。授業の回を重ねる中で、そのことの重要性に気付いたので、かなり敏感な問題である台湾の位置づけについては、同じ授業の中でわざと違った言い方をすることによって、優秀な学生を煙に巻く方法を覚えた。優秀な学生ほど、こうした問題に敏感だからである。それでも、「台湾の独立に賛成するかどうか」をストレートに質問してくる学生もいる。授業のトピックがこうした問題とはおよそかけはなれた内容であるにもかかわらず、それを無視して質問する学生もいる。たいていは私の友人の教師が、その問題は本日の内容とは直接関係ないとして遮ってしまうことが多いが、「それは日本人である私がどうこう言うべき問題ではない」というのが私の回答である。この言い方は、「中国と台湾の問題に関しては口を出さない」と言う意味に解釈できるので、まあその場をやり過ごすことができる。しかし、この言い方は、一歩進めて考えると、「台湾の将来は台湾人が決めること」という台湾独立派の言説に近い解釈にもなるので、また注意が必要である。但し、授業では、用意した回答以上のことは言わない。

アフリカでの印象的な経験

授業では、あるエピソードを教える。それは私のアフリカ体験である。いまから一〇年以上も前のこと（これも時間の経過の中で、もっと昔になってしまった――補記）、アパルトヘイトが終焉した南アフリカのケープタウンで開催されたインフルエンザの歴史についての会議に参加するため、南アフリカを訪ねた。そこで、私ははじめて日本や東アジアの各地で生活する黒人の気持ちに思いをはせたのだが（南アフリカでは日本人はものすごく目立つ）、それはこの文章の本題から離れる。

ケープタウンでの忘れ難い経験は、アフリカにおけるインフルエンザの歴史を研究しているのが、一人の例外を除いて、イギリス人、フランス人、ドイツ人だったことである。これは、会議の主催者が植民地主義者だという批判ではない。実際のところ、そこで出会った多くの方々（A・クロスビーもその一人だった――付記）からいろいろなことを教えられた。その後、アフリカ史を専門にしている日本人の研究者（これはすごいことで、アフリカ史を専攻して飯が食える国は、アメリカ、イギリス、フランス以外にはほとんどない、パイは小さいとはいえ、日本もそうした国なのだ）から伺ったところでは、やはりアフリカ人がアフリカ史を書く、語ることが強調されるようになっているとのこと。

(66)　赤坂憲雄・玉野井麻利子・三砂ちづる（編）『歴史と記憶――場所・身体・時間』藤原書店、二〇〇八年、参照。

このエピソードを紹介するか否かはそのときの状況による。学生の顔を見れば、どのくらい理解しているのかは自ずとわかる。そして、紹介可能だと判断した時には、この話をしたあとで、次のように説明する。「歴史をめぐる対立、論争があるのはある意味では当然である。しかし、一方では、その対立は、ある種の世界史への共通理解があり、そのため対立や論争もあるのではないか。そして、その共通の基盤の一つは世界史なのではないか」、と。学生が分かっていないと思う場合には、スキップする。学生の中には自分たちがアフリカと同じレベルだと言われたと誤解する学生がいるからである。こうした誤解はまちがいなく人種主義的偏見にもとづく。とくに、日本人をふくむ東アジアの学生のアフリカへの偏見はかなり深刻である。そのため、実際にそうした失敗をしたことがある。もっとも、最近では、中国の広州に数十万人のアフリカからやってきた商人がいる。そして、アフリカ各地には一〇〇万人以上の中国人の技術者や労働者がいる。状況は、予想よりもはやく動くかもしれない。

「歴史の共有」と「世界史」

日本が抱えている歴史認識問題とは、実際のところ、「日本の日本史」と「中国の中国史」、「日本の日本史」と「韓国の韓国史」、すなわち、自国史どうしの見解の相違がクローズ・アップされ引き起こされているのではないか。それは、自国史、すなわち、ナショナル・ヒストリーのぶつかりあいなのだから、その認識のすりあわせはなかなか困難である。実際のところ、双方の学界レベルでのす

りあわせもうまくゆかないというのが現実なのである。(67)
歴史認識をめぐる議論では、ドイツとポーランドとのあいだでの歴史認識をめぐる対話や対立の克服の試みが参照されることが多い。しかし、ヨーロッパとしての文化的な共通基盤をもつ社会におけるこころみと日本と中国、日本と韓国のあいだのこころみを同じ次元で議論することはできないように思われる。

こうした中で、歴史を共有するきっかけの一つは、「世界史」なのではないかと考えるようになった。今回の教科書の改定に際して、グローバル化のなかで、世界史は「現代世界を生きていくための大切なスキルである」と書いた。この思いは、外国で授業をした経験から得られたものである。こう書くと、何かたいへんな成功事例のようにとられがちだが、実際には失敗の連続で、最初のうちは、言葉のあげ足をとるような質問をしてくる学生に悲しい思いをしたり、内容が難しかったためか、散々な失敗も経験した。もちろん、言葉の問題も大きい（何せ、「ああでもない、こうでもない」と言って、ごまかすことができない、シンプルにしか表現できない）。そして、それぞれの地域の歴史のコンテクストを十分に理解しないまま喋ってしまうと学生が混乱することがわかった。

そして、漢字は難しい。バーナード・ショウは、「イギリスとアメリカは英語によって隔てられて

(67)　日韓に関して、小森陽一ほか（編）『東アジア歴史認識論争のメタヒストリー――「韓日、連帯21」の試み』青弓社、二〇〇八年、劉傑・三谷博・楊大慶（編）『国境を超える歴史認識――日中対話の試み――』東京大学出版会、二〇〇六年。

いる」と説いた。ここから学んで、私は、「日本と中国は、漢字によって隔てられている」と言うことにしている。つまり、「封建」とか「地主」とか、漢字で表現されるタームを簡単に使ってしまうと、そこに誤解が生まれやすい。

それでも、ハッとする経験もしていて、中国や韓国、台湾の学生にとっても、日本とのあいだに歴史の対話のためのチャネルを確保しておくことは大切だと意識されていると感じる。この経験は、その後のビールを蜜の味にする。これだからやめられない。

「東アジア」の罠

授業の中で、韓国や台湾の学生と日本の学生にはかなり共通性があると思うようになった。中国の学生はなかなか難しく、同じだと思う時と、違うと思うことが半々くらいである。その意味で、東アジアの共通性というものはあるのかもしれない。アメリカの学校での経験はまだないので、もし機会があったら断らないようにしたい。ドイツでの経験で言うと、最近のEUの未来への懐疑もあって、私が東アジアの比較の対象として、ヨーロッパの共通性を強調すると、不満そうな学生が多い。このあたりもなかなか難しい。

東アジアという言葉は、高校の世界史や日本史の教科書の中でもよく使われる。歴史的には、中国、朝鮮、琉球、そして日本、場合によっては、モンゴルとベトナムが入るだろうか。一般的には、中国、台湾、南北朝鮮、そして日本と言うことになろうか。そして、この言葉には、日本を東アジアの中に位置づけようというポジティブさが含意されている。
しかし、重要なことは、日本の文脈の中では、中国はたしかに東アジアなのだが、中国の文脈には、「東亜」（東アジア）という言葉はあるものの、自己意識として自分たちが東アジアに属していると考えたことはほとんどないということである。つまり、ある時期さかんに言われた「東アジア共同体」は、じつに日本的な表現であった、中国は、つねに自らを東南アジアとの関係の中に位置づけようとしてきたし、また、北東アジアや西アジアとの関係の中にも自らを位置づけようとする。そうしたコンテクストの一つとしてあくまでも東アジアがある。つまり、「大東亜共栄圏」は同床異夢どころか、同床でもさえなかったのだが、これも余計な話。

「世界史」の可能性

話を本筋にもどす。私は、ある時期から、この授業の内容を日本の学生にもしてみることにした。強調するのは、日本では東洋史と西洋史として外国史研究がさかんだが、これには植民地主義と近代主義の歴史があること、これを基礎に、歴史学という制度がかたちづくられてきたという事柄である。そして、日本で話をするときには、この制度はかなり疲労していて、外国史の研究自体が衰えつつあるのではないかと付け加える。(68)

---

(68)　飯島渉「「中国史」が亡びるとき」『思想』二〇一一年八月、第一〇四八号。本書に収録した。

しかし、グローバル化の進展の中で、もっとも必要とされるスキルが「世界史」であることは言を俟たない。そして、日本の歴史学や「世界史」が中国や台湾、韓国にも大きな影響を及ぼしてきた事情を考えると、「世界史」は、周辺地域との関係を構築するためのソフト・パワーとしての意味を持っている。こうした仕掛けとして「世界史」を考えると、研究と教育に課せられた課題は大きい。

日本の大学における歴史学が直面している最大の問題の一つは、大学院生の増加の中での絶対的なポストの不足である。これは、日本史、東洋史、西洋史に共通する問題なのだが、これを解決する方法は外国の大学への人材の輸出である。もし、これが実現して、中国や台湾、韓国さらには諸外国の大学で教える人材を養成できれば、歴史認識問題はちがった様相を見せると思うのだが、どうだろうか。あるいは、私たちの世代がある年齢になったところでそうしたアクションを起こすことも必要だろう。そして、そこで得た知見が日本の「世界史」にフィードバックされるとすれば、「世界史」にはまだまだ可能性があると思っている。

（付記）

この文章は、世界史教科書（実教出版）を執筆したときに、同社のニューズレターに書いたものである。教科書の仕事はいろいろ気を使うことも多かったが、高校の先生方と知り合いになれたし、また、歴史学の研究者としてかかわるべき課題の一つという気もしたので続けてきた。

まだ書けないこともある。数年のうちに、高等学校の歴史の構成が変化し、日本史と世界史に加えて、歴史総合という科目が新設される。この科目は、近現代史を中心とする。正直に言うと、私はこの改変に賛成ではない。意見を求められた時にも率直にそのように発言したことがある。

一般的に高校教科書は、大学の教員と高校の教員が合同で執筆にあたる。一人で執筆というのはなくて（その意味では、教科書裁判の家永三郎日本史教科書は圧巻である）、ふつうは得意な部分を担当する。気になるのは、大学の教員と高校の教員に一定のヒエラルキーがあって、編者は大学の教員ということ。しかし、考えてみると、高校の教科書なのだから、高校の先生が中心となって、大学の教員はそれをサポートするという構成の方がいいのではないか。歴史総合の論理は、歴史学の論理を強調しすぎている気がして、どうかなあという印象を持っている。また、「世界史」に刻印されている日本の歴史学の蓄積をないがしろにしてしまう危険性も感じる。

歴史総合では、題材として感染症も想定されている。今回のコロナ禍もあって、高等学校の先生方からどんな感染症をとりあげることが適切かという質問も受ける。この点についてはじっくり考えることにしたいが、感染症の歴史学の論理と同時に、中高生の社会認識の階梯についても配慮したい。世界史教科書は高校生のものだからである。

ところで、「イギリスとアメリカは英語によって隔てられている」という言葉のオリジンがよくわからない。そもそも私がこの言葉を知ったのは、アメリカ映画の『パットン大戦車軍団』（一九七〇年）の中で、パットン将軍がイギリスのある集会でそう喋っているシーンを見たときのことである。うまいことを言うものだと感心した。「共通の言語で隔てられた二つの国」（The United States and Great

Britain are two countries separated by a common language）という言い方で、ネットで検索してみると、イギリス英語とアメリカ英語の違いを言うときによく使われるが、もっと本質的なことを言っているわけだろう。クレマンソーという説もあるようだ。第一次世界大戦の終結のためのパリ講和会議にフランス代表として参加し、会議での英米協調を牽制するための言葉だったらしい。もし、おわかりの方があればぜひ教えていただきたい。

二　新聞を読む

「新聞を読むこと」、それも紙媒体のそれを読むことが私の趣味の一つである。それでも、ごく普通に一紙だけをとって、朝刊と夕刊を読むだけだった。何がきっかけだったのか覚えていないが、かなり前から複数の新聞を購読して読むようになった。あたりまえのことだが、新聞の論調はそれぞれ異なる。だから、どんな新聞を読んでいるかはそれなりに意味のあることである。

東日本大震災のあった二〇一一年には、四月から一年間大学からサバティカルをもらえたので、かなりのあいだ日本を離れていた。そのころの新聞の講読はいささか過激で、朝日、毎日、讀賣と日本経済新聞の四紙を購読していた。外国に出かけるとおのずと新聞がたまってしまった。せっかく金を払っているのだし、また、新聞配達店が取り置きしてくれることもあって、日本を離れている時の新聞もすべて捨てずにとっておいた。時間のある時、あるいは何か別の仕事があるにもかかわらずそれをやりたくないときなど、おいおい新聞を読んでいった。その後も海外出張が多かったから、新聞は減るどころか、たまっていくことになった。その新聞は空いている部屋に積んであったのだが、連れ合いはよくまあ黙っていてくれたものである。

二〇一四年の暮れから一五年のはじめ、なんとなくその新聞の山をくずすことをはじめた。「新聞崩し」と自称していた。私が歴史学をなりわいとして、一〇〇年前の新聞を資料として読む経験がなかったならば、きっとこの作業を途中で放りだしていたことだろう。連れ合いへの意地もあったのだが、はじめてみると、とても面白くてだんだんその作業にのめりこんでしまった。

二〇一一年から一五年には、東日本大震災と原発事故があった。そうした中で、政権は長続きせず、民主党から自民党へと政権がもどった。中国や韓国との関係も困難の度を加え、ＥＵや米国、そして中東やイスラーム世界も激動していた。私は、ある程度結果を知っていることがらについて、その過程を新聞を読むことを通じて検証した。はっとする記事もあった。あらためて新聞のもつ面白さに気づき、そして、各紙の論調の違いにも考えさせられるところが多かった。しばらくのあいだ、琉球新報の電子版を購読したこともあった。学生と一緒に行く研修旅行で琉球新報社を訪問したことがきっかけだったと思う。

現在は、電子版で一紙、紙媒体で一紙、それに英字新聞を読んでいる。ていねい読むと時間がかかるが、朝目覚めるとラジオを聴きながらまず電子版の新聞を読む。朝食の後に、紙の新聞と英字新聞を読む。時間のない時は、すこしスキップし、電車の中でも新聞を読む。座ることのできる時間帯に鈍行で学校のある駅に行く間に新聞を読むわけだが、周りを見渡すとほとんどの人がスマホを見ている。スマホで読むことも可能なのだが、なんとなくこだわって紙の新聞を読む。周囲の方に迷惑をかけないように注意しているつもり。但し、心配なのは、英字新聞を読んでいるとき、英語で話しかけられてもしうまく答えられないと格好悪いなあということ、幸いにして今のところその機会はない。

次の文章は、二〇二〇年の正月元日に書いたもの。某新聞に投稿したのだが掲載されなかった。普通ならばそのままになってしまうのだが、こうして文章を活字化する機会があることは有難い、収録させていただくことにしました。

二〇一九年にもっとも印象的だったことを書かせていただきたい。一一月初め、韓国の仁川から沖縄の那覇に移動した。沖縄上空に入ったのは一二時ごろ、いつもとは様子が違うことに気づいた。東京から那覇の場合、低空飛行で海を眺めつつ、かなりの距離を飛んでから空港に到着する。米軍が広大な空域を管轄しているからだということは前から聞いていた。ところが今回は韓国から沖縄に入ったので、飛ぶ空域が違うようなのである。私の乗った飛行機は、北部で沖縄本島を横断し、その後、東岸を南下した。それがわかったのは、右手に嘉手納基地がよく見えたからである。次に普天間基地も見えた。首里城を探したのだが見つけられず、とても残念な気持ちになった。それが焼失のためなのかどうかははっきりしない。飛行経路を示すサイトで調べてみると、私の乗った飛行機は確かに低空でそのルートを飛んだようである。昨年の沖縄がことさら印象的だったのは、いつもとは違ったアングルから沖縄をかいま見ることが出来たからかもしれない。そして、それは沖縄の現実をあらためて私に教えてくれたのである。

三　旅に想う

〈初出〉『飯島的世界』に寄せた文章。横浜国立大学のゼミの学生が卒業の際に作ってくれた文集（しばらく続いたが、その後、青山学院大学への異動によってとだえてしまった）に掲載した文章、たぶん二〇〇二年ごろ。

旅はかなり好きなほうだ。数少ない趣味の一つといってもいい。考えてみると、私が生きてきたほぼ四〇年間（ここまで書いて、四〇という数字に驚愕する）の後半、つまり、大学・大学院、そして教員となった二〇年間ほどは旅ばかりしてきた。

私は、距離を問題にせずどこでも行くほうで、比較的遠いところでは、ケープタウンとかブエノスアイレスにも出かけた。そのように旅へのハードルが低くなってしまったのはいくつか理由がある。北京と上海への留学時代に、いろいろなところに出かけたこと。そして、大学院の時に通訳をかねた添乗員のアルバイトをしていたこともその一つかもしれない。そして、それらの旅から、私は旅にはルールがあることも学んだ。

時々、旅した街の姿を、ふと思い出すことがある。日常の中で、この風景はどこかで見たと思うような経験である。強く印象に残っているのは学生時代の旅である。中国政府に留用されていた方々と（中国陝西省の）天水に行ったのもその一つである。戦後すぐに天水で数年間の留用生活をおくった鉄道技術者の方々の天水訪問団、その中には、天水で家族を失ったという方や記憶は全くないのだけれど天水で生まれたという方もいた。そうした方々の天水再訪にお付合いしたことは、私に何ものかを残したようである。その時にはそれを自覚することはなかったけれども、ここ数年、私はある問題を調べる中で、留用日本人の事績を調べ、ふと気がつくと来年春に公刊を予定している書物の中でそれにふれることになった。

旅には、そうした効用もあるようだ。つまり、研究を進める中で、旅の記憶がよみがえってくるというようなことが。今回の長崎や那覇も私にとってはそんな街である。図書館や文書館で史料を読んでいた時間のほうが長いから、街自体のことをよく知っているわけではない。けれども、現在進めている研究に長崎と那覇は大きなきっかけを与えてくれた街である。発見が何かにつながるような旅が今後も続けられたらと思う。

一昨年の春に、私は、松山から宇和島をへて高知を訪ねた。それは、松山と高知で少し調べることがあったからだが、途中、四万十川の桜を見た。それは、まったく予想していなかった菜の花と桜の風景で、列車から見ていて涙が出た。どうしてそんな気持ちになったのかわからないが、私がこれまで見た桜の中で最も美しいと思った。そして、自分も少しずつ変わっているのだということを思い知らされた。学生時代の私は、風景にはほとんど興味がなくて、人に興味があった。だから、行くところは名所旧跡というよりは、マーケットだったり、雑踏が中心だった。もっとも、学生時代ならば、途中で降りてしまい、一日、四万十川の土手に座っていたに違いないのだけれど。

旅は、何ものかを残してくれるものである。そして、自分の変化を気付かせてくれるものでもある。そして、旅の経験が後によみがえってくるといいのだけれど。そんな旅を学生時代にしてほしいと思っている。

（付記）

この文章を学生が作ってくれた冊子に寄せたのもずいぶんと昔のことになる。今から二〇年ちかく前だということが文面から分かる。その時にも長崎と那覇に行ったと書いているので、現在との継続性も感じられる。

四国で見た四万十川の桜と菜の花は確かに美しかった。今でもその時のことを思い出すことがある。しかし、最近の印象はすこし違う。たしかに桜と菜の花はとても美しかった。けれども、美しさはその通りだとしても、桜と菜の花は私の生まれ育ったところにもあったことに気づいた。それは、両親が亡くなる前後のことで、ある時期から入院した父親のケアのためと、その後、しばらくの間一人暮らしをしていた母親のもとに、頻繁に実家に通った。思えば、大学教員という仕事ゆえにそれも可能だった。授業をしてから、夕刻実家に行って、翌日、実家からまた大学に行くということを繰り返した。

そんな時に、実家の前の土手に数本の桜が咲き、菜の花もあることにあらためて気づいたのである。その光景はもっと昔から目にしていたはずなのだが、桜の樹が小さかったからか、あるいは私が気づかないふりをしていたからなのか、気にしたことはなかった。

実家に戻るためバスに乗っているとき、窓越しに桜と菜の花が迫ってきた。その時、四万十川の桜を美しいと感じたのは、どこかで見たことのある景色だったからかもしれないことに気づいた。そうした思いは誰にもあるのだろう。桜を見るとこのことを必ず思いだす。

四　授業の経験から

――特集　東アジア情勢を考える――日中間の尖閣諸島問題を中心に――

〈初出〉この文章は、青山学院大学文学部史学科の学生団体である史学会が発行している会報に掲載されたものである。言い回しや形式も含め、あえてそのまま掲載することにした。

夏休みの終わり頃、日本政府による尖閣諸島の国有化を巡り日中関係が悪化したというニュースを耳にした人も多いのではないでしょうか。また日本は韓国との間にも竹島の問題を抱えており、領土問題は現在注目のテーマとなっています。でも、「事の重大さはわかるけど、何が問題なのか良くわからない！」という人も多いはず。そこで広報部員のTとWが、「限定された情報だけでなく、広い視野を以て問題を考えるきっかけを作る」ことを目標に、東アジア諸国とも関係の深い、我らが飯島渉教授にインタビューに伺いました。尚、この特集の文責は広報部員Tにあることを先にお断り致します。

◆飯島先生ご紹介◆
飯島渉先生は東洋史コースにて中国を中心に感染症の歴史を研究なさっています。従来の「各国史」にとらわれない「グローバル・ヒストリー」の歴史観をお持ちの方です。'10年度入学者は「東洋史概説」でお世話になりました。

メディアについて

日本での報道の過熱化は、日中の関係性の深まりも一因としてある。

T：尖閣諸島〔以下尖閣〕問題が表面化して以降、中国各地でデモが行われたという報道が日本でされていましたが、報道の基本図式が「怖い中国人」と「被害に遭う日本人」だという印象を受けました。メディアについての見解を教えて下さい。

W：日本を中心にした報道のあり方が少し過剰なのでは、という疑問があります。

―日本の新聞でも様々な論調がありますよ。中国国内でのデモへの批判の紹介とか。ただ一方で実際にデモによる被害が出たから、それが少し強調された傾向はあるかもしれないですね。また、近年、日本社会が中国社会に対して深くコミットしたという背景があるんじゃないでしょうか。上海には一〇万人に迫る数の日本人がいるし、内陸部にも日系のデパートができている。そうした両者の関係が深くなったからこそ、ダメージを受けたときの反発だとか報道が出てくるということだと思います。けれども、日本の報道でいらいらすることもある。それは中国や台湾の漁船が尖閣沖のどこどこまでやってきて、海上保安庁が放水した、ということばかりがクローズアップされる傾向があることなんだけれども、それぱかり報道するというのは深みがないな。

“反日デモ”の背景について

様々な行動や思想の中に過去一五〇年の歴史が投影されている。

―それで反日デモということが話に出てきましたが、あれは今年になって突然起きたことではなく数年前にもありましたよね。背景にはここ一五〇年間くらいの歴史が投影されていることは間違いない。仮に「二〇世紀は日本の世紀」であったとします。日本は敗戦という事態はあったにしても、近代化に成功し繁栄を享受した。周辺各国からすればそういう社会に対するジェラシーはものすごく強くある。無論、暴力行為自体は批判されるべきだけれども、デモ等の一連の動きの中には日本の歴史としての植民地主義や戦争の問題が投影されていることは認めざるを得ない。是非は別として様々な行動や考え方の中にそれらが投影されていることは事実。

領有権の確定について

歴史学者の本来的な仕事は領有権の確定ではない。

T：そもそも問題が大きくなった発端は日本政府による尖閣の国有化でした。これは歴史的にどう見られるでしょうか。

―その問題に関しては私なりに意見はありますが、歴史の研究者としてのコメントはしないほうがいいな。「コメントする立場にない」というのも、ひとつの回答です。そもそも歴史家の仕事は、例えば尖閣の領有権の正当性はどちらにあるということを確定することではないですよね？

T&W：確かに、そうですね。

―また、考えようによっては、そういった「歴史的な確からしさ」によって領有権が決まる訳ではないですよね。

T&W：あー……なるほど……。

―「ちゃんとした史料に基づいて考えましょう」とか「歴史家がこう言ってるからこうです」って言いたがる人が多いけど、でもそれでは決まらないんでしょ？　と言いたくなる。事実関係を明らかにして一定の見方を示すことには意義があるとは思うけど、双方の歴史家が討論して「この歴史家の言うことが正しいです」と結論を出したところで問題が終わりになるとも思えないですよね。

T&W：そうですね。

―だとしたら歴史家としてはそこにあまり深く関わることは避けたいっていう気はします…。旧い史料を遡ることもできるだろうけれども、そういうのはやればやるほどお互い水掛け論が延々と続くことになるでしょうね。つまり、政治的に決着させる必要がある問題であることは間違いない。

日中の今後の展望について

日中ともどうしていいか困ってると思うんですよね。

W：ではこの問題はまだ解決しないんでしょうか。

—しばらく続くでしょうね。「どのような状態になることを解決とするのか」という問題があるけれども、今の日中韓及び台湾についてはお互いの相手に対する見方や考え方が成熟しない限り解決は難しい。少なくとも日中の尖閣問題は来年や再来年に解決するとも思えないし、先行きが見えないですね。私には、日中の政策当局者もどこで妥結するかということの見通しを持てずにいるように思えます。現状のような、双方がチキンレースのようなことをやっているのは、国内輿論との関係からでしょう。

史学科生として問題に向き合うには

自国史を客体化する視点が日中韓台に求められている。

T：では最後にして最大のテーマとなる、「史学科生としてどのように問題に向き合うか」についてアドバイスをお願いします。

—歴史の問題としてどう考えるかということですが、日本語で書かれた日本史の文脈において「尖閣は日本だ」と主張するのと、中国語で書かれた中国史及びハングルで書かれた韓国史とのあいだで問題への見方を擦り合わせることができるかということですよね。私は、そういう〝自国史（ナショナル・ヒストリー）〟というのをそろそろやめて、歴史を共有できたらいいなと思いますね。

W：それぞれの一国史ではなく、全体を包括するような。

―そう。日本史をやらなくてよいということではなく、日本史を歴史の全体像の中に位置づけるということ、客体化する視点を持てるかどうかが重要になってくる。経済発展を続け大国化した中国や南北統一問題を抱える韓国は自国史が強調されやすいタイミングにあるかもしれない。けれどもそうして自国史を強調して互いに罵り合っているようではいつまで経っても生産的な議論ができない。今は、議論の土台ができておらず、知恵が出しにくい状況です。

W：ではこれからは生産的な議論のために自国史を客体化する視点が必要なんですね。

―そうそこが問題です。私は八月に韓国へ行って歴史についての講演をしたのだけれども、そこで「先生同士を交換せよ」と主張しました。日本で中国や韓国の教員が授業をしたり、日本の教員が中国や韓国で授業をしたりするといったような。あるいは日本の大学でも歴史教育を日本語以外で行うとかね。交換留学生の存在も非常に重要です。そうすると今までとは違った視点を持てるかもしれないし、そうなれば問題は自国史同士のぶつかり合いでは済まなくなるはずだから。国内だけで考えていると正当性を示すために、主張がどんどん過激化しやすいから他国と協調しにくくなってしまう。……そういえば、皆さんは留学生と話す機会は増えていますか？

T：今大学三年生ですが、私の知り合いには（留学生は）いないです。

―それはとても残念ですね。二年生には多いけど、三年生には少なかったかな…。留学生と話す機会はあったほうがいいですね。今まで歴史に即した話ばかりだったけれども、現在の社会に対してもいろいろな見方ができるかもしれないし、歴史的・政治的な話をするときにもちょっと違った討論になる可能性がありますね。留学生と話す以外に、自分で外国へ行って勉強してもいいね。

生まれも育ちも日本である人へのアドバイス

歴史を解釈する権利は互いにある。

T：ただ日本生まれ日本育ちで、かつこれからも日本で暮らす学生も多いと思いますが、意識を変えられる点はありますか。

―それは、「日本および日本史を解釈する権利は外国人にもある」ことを認めることです。逆に言えば、中国や韓国を解釈する権利は我々にもあるということです。そうじゃないと相互的な関係にならない。そうした外からの視点をもつ、また日本史を解釈する外国人とどう話をして、日本史や日本への理解をよりよいものにするかという努力がぜひ必要だと思います。

快くインタビューを受けて下さった飯島先生、どうもありがとうございました。

（付記）

大学の教員になって三〇年ほどの時間が経過した。いろいろな授業をするなかで、正直なところ、面倒だと感じたこともあったし、嫌な思いをしたこともあった。学生が私語をするのは授業が面白くないからだと思い、ある時期から、それを怒らないことにした。

ちなみに、「怒る」と「叱る」は違う、ということを教えて下さったのは、研究会などでご一緒した先輩で、高等学校の先生をしている方だった。大学は違ったが、なんと高校の先輩だったので、いろいろ面倒なこともお願いした。その先輩の言として、「生徒を怒ってはいけない」、「怒ったふりをするのだ」、「怒ると叱るは違う」などが印象に残っている。この言にはたいへん助けられた。

本務校として複数の学校を経験したし（公立、国立、私立と全部）、また、ある時期までは非常勤でいろいろな学校で授業もした。そんな中で、結局は、自分がどこまで学生の関心に応えてやれるかによって、おのずと学生の反応も違ってくるとわかった。もちろん、学校や学部、学生によっていろいろな個性がある。それにうまく対応しながら、なんとか授業をしてきたというのが実際のところである。学生から学ぶところもたいへん多く、その意味では、研究所で研究中心の生活をすることを羨ましく思うこともあるが、授業やゼミを通じて学生とやり取りをしたことが、たいへん意味のあることだったと感じる。学生に助けられることも多く、「学生は有難い」という思いも強くなっている。

五　その時、私は日本にいなかった

〈初出〉『NEWS SOKEN（青山学院大学総合研究所）』Vol.11—1（二〇一一年一〇月三一日）、二〜三頁、所収

「その時、私は日本にいなかった」

三月一一日に発生した地震、津波、一連の原発事故をふりかえるとき、いったい何度この言葉を口にしたことだろうか。困難を共有しなかったという思いは、いま私のトラウマになっている。

東日本大震災が発生したとき、私はドイツ東部のハレで開催されていたある会議に出席していた。朝食をとるために食堂に行くと、同じ会議に出席していた韓国人の友人が血相をかえてやってきて、「日本の東北で大きな地震が起きた、まず、家族に連絡をとれ」と教えてくれた。それは、地震発生から一時間ほど後のことだったが、もちろん、電話はまったく通じなかった。幸いなことに海外に行くときいつも持っていく台湾の携帯電話にそれから一時間ほどして連絡が入った。連絡する方法が一

つだけというのは問題だと痛感した。それで多少は冷静さを取り戻したのだが、その後はほとんど情報がない状態に陥った。会議の主催者は、日本の状況に触れて、多くの人々が犠牲になっていることを悼み、また国際社会が日本への支援を行うべきだと述べた。それはたいへんあり難いことだったのだが、正直なところうわの空だった。その後の数日間、私は、BBCなどのメディアが映す津波の映像、そして福島第一原発の水素爆発の映像を眺め続けていた。それ以外の映像はほとんど流れなかったのだ。

東日本大震災が問うていること

私の専門は感染症の歴史学である。その意味では、今回の震災で多くの人々が避難所での不自由な生活を強いられるなか、被災者の忍耐、医療機関などの努力などにより、災害発生地で起こりやすい大規模な感染症の流行がなかったことは幸いであった。

歴史学研究一般についていうと、震災や原発事故が問うていることはたくさんある。実は、今回の大震災の前から歴史資料から地震の発生を整理するデータベースが試験的に運用されていた（石橋克彦「地震史料の全文データベース構築をめぐって」『災害の情報学　SEEDer』No.3、二〇一〇年一一月）。震災後、弥生時代以後の歴史の中で東北をたびたび地震、そして津波が襲っていたことが話題となったが、それはこうした研究蓄積による。しかし、残念なことに、災害に対して強く警鐘を鳴らすことはできなかった。

津波の被害を受けた地域のなかには、古くから伝わる言い伝えを守って避難したり（宮城県東松山市の宮戸島）、集落を高台に移していたことで、被害を少なくすることができたことも紹介されている（岩手県釜石市唐仁町本郷地区、以上は『讀賣新聞』二〇一一年五月二六日、夕刊）。これらは災害の歴史学や考古学にかかわることがらだが、考えるべきことは多く、例えば、弥生時代以来の日本列島の環境も気候変動などの要因によって変化しているので、過去のある時代に地震や津波があったと言うだけでは十分ではない。

そうした中で、今後の歴史学に大きな影響を与えると予想される動きがある。アメリカの日本研究者が計画している東日本大震災デジタルアーカイブがそれである。このデータベースは、ハーバード大学のライシャワー日本研究所が日本の国立国会図書館などと協力しながら運営するもので（http://www.jdarchive.org/）、震災に関するデジタル情報を可能な限り多く収集・保存し、利用できる形にすることで、実際のできごとやその影響を学問的に研究・分析できる場を整えることが目的である。このアーカイブは、震災直後といってもよい三月二五日にはやくもその設立が発表された。

このデータベースが集めようとしている情報は、複数の言語で書かれた、NGO、企業、業界団体、学校、政府機関などの団体や被災者、救援活動に携わる方、科学者、医療関係者、議員などの個人のウエブサイト、個人的な体験、写真や動画、ラジオ放送などの音声、地図や地理情報からツイッター、公開されているフェイスブックやその他のソーシャルメディア上でのやりとり、Eメールやメーリングリスト上でのやりとり、レポートや書類のPDFファイル、メディア・書類データベースへのアクセス、ありとあらゆる情報である。つまり、例えば、震災の際に青学がとった対応、その反響、そしてその場にいた学生や教職員、避難した人々、そして避難場所となった青学でかわされた会話やメールもこのアーカイブに投稿されることが期待されている。

実は、この試みのポイントは収集されるデータの量や形式ではなく、その意味にある。プロジェクトの中心となっているアンドルー・ゴードン教授（日本研究所長、日本の近現代史に関してすぐれた研究書や通史を書いている）は、「これまでの歴史は、史料を集める人によって記録が取捨選択されたり、閲覧が制限されたりした。それが、歴史の描かれ方にも影響し、後世の人は、その枠の中でしか歴史を知ることができなかった。しかし、こうしたアーカイブであれば、誰もが自分にとって重要な歴史の記録を手にすることができるし、情報収集の過程ですでに歴史が描かれることになる。今後は様々な歴史へのアプローチが可能になると思う」と述べている（The Asahi Shinbun Globe　二〇一一年九月四―一七日、G-5）。この言葉の意味は、歴史学の直面している問題と同時に可能性を論じている。今後、学生に是非問いかけてみたい。

グローバル化のなかでの東日本大震災

東日本大震災が発生してからしばらくの間、私はドイツに滞在していた。ある友人は帰国をしばらく見合わせたほうがいいと言ってくれた。多くの外国（最大規模は米軍のトモダチ作戦だが、これは私たちの社会と軍事のあり方や日米関係の再定義という意味で、後世の歴史家が問題にするだろう）がたくさんの

援助をしてくれた。私は、ドイツからもどり、その後、ホノルルの会議にも行ったのだが、日本を支援するためのコンサートが開かれた。その時に売られていたのが写真のTシャツで、これを二〇ドルで購入すると、そのうちの一〇ドルが支援のため日本に送られることになっていた。プリントされているKokuaとは、ハワイの言葉で、「連帯する」とか「助ける」という意味とのこと。こうした動きが世界各地でたくさん行われたことは記憶に新しい。

しかし、同時に日本への厳しいまなざしもあった。観光客は激減し、留学生や勤労者の大量帰国もあった。最近になって明らかになったことだが、アメリカ政府は原発事故直後、東京在住の九万人のアメリカ人を全員避難させる計画を持っていた。これが実行されていたら、衝撃は大きかっただろう（『讀賣新聞』二〇一一年八月一八日）。

私がドイツから帰国する時、多くの航空会社は日本への直行便を停止していた。また、いくつかの航空会社は、いったん韓国の仁川や香港に立ち寄り、クルーを入れ替え、日本にとどまらず、そのまま仁川や香港にもどるかたちで飛行機を運航した。放射線との関係から日本に滞在するリスクを回避したのである。

こうした中で特に気になったのは、原子炉を冷却するための放射性汚染水を海に放出する際に、それを近隣諸国に事前通告しなかったこと、それへの批判である。これは四月初めのことだったが、この問題については、その後、事前通告する必要性自体を認識していなかったという事故調査・検証委員会の報告があった。唖然とさせられた。(『毎日新聞』二〇一一年八月一八日、夕刊)。周辺諸国はその対応に強い不信感をもったであろう。このことは、自分たちの中だけで通用するルールで動くことの危険性を示唆している。

私は、震災後、ある外国人の友人から、日本のメディアが、NIPPONをコールしていることに一抹の不安を感じると言われたことがある。東日本大震災から被害を癒し、そして復興へとつなげるために、たしかに「絆」は必要だと思う。けれども、私の尊敬する人物の一人である小沢昭一氏は、「シブトク立ち直る」ことにエールを送りつつ、一方で戦争体験との関わりから(小沢氏は、敗戦直前に海軍兵学校に入学の経験がある)、「絆」の質も問題なのだと説く(『朝日新聞』二〇一一年四月二四日)。「絆」がことさら強調されるなかで、意味のある発言だと思う。周囲に対しての配慮を怠りなく、そして自分を客体化できるまなざしを持ちたいものである。

内向き志向を超えて

最近の日本は内向き志向が著しいと言われることがある。その中で、日本から外国に留学する学生の減少が話題にされることがある。今回の災害がこうした傾向に拍車をかけなければよいのだが……。

この点について、東日本大震災デジタルアーカイブにもどると、収集するのは、三月一一日の震災に関する日本語・英語・中国語・韓国語で書かれた資料であり、日本語だけではない。これは、アメリカで運用されるデータベースということを割り引いても考えるべき問題を含んでいる。

「失われた一〇年、あるいは二〇年」という言葉もある。これはバブルののち、それまでの遺産を食いつぶすことによってなんとなく過ごしてきたことを揶揄する言葉である。考えてみると、日本にはお金はもうない、そして、原発事故によってエネルギーに関してもその大量供給に赤信号がともった。それでは残っているものは何だろうか。それは実は人材ではなかろうか。これを大学教育の問題として考えてみるとき、「学力とは何か」という問題をもう一度根本にたちもどって考えてみるべきではないか。学部や学科に関して言えば、それぞれ固有の体系やスキルがあり、それを涵養することはもちろん必要なのだが、ここで私はあえて言いたい、「一人で外国にいける能力を涵養すること」が現在の日本の大学に求められている重要な要素なのではないかと。今回の震災をまず外から眺めた私は、あらためて日本の情報発信力の退潮を実感した。これは外国語が話せるとか、などではない。広い意味での他者への配慮とより自立した個性の獲得である。このことを忘れずに意識し続けることが私の課題だと思っている。

（付記）

この文章は、二〇一一年の東日本大震災以後のもので、大学が刊行している小冊子に寄稿したものである。この時期、「災害と人間―核時代の生そして再生を問う」という大学のシンポジウムにも参加しており（二〇一一年三月一五日）、ほぼ同様の発言をしている。シンポジウムでは、二〇世紀の日本の社会が、ABCという三つの問題をいずれも経験したとして、Aの原子力として広島と長崎への原爆の投下、Bとして日本における生物兵器の研究、そして、Cとしてオウム真理教による地下鉄サリン事件に言及し、こうした経験を持つ日本の社会は、今回の福島原発の事故に際しては何か明確な哲学を示すべきではないか、と発言した。

二〇一一年三月の東日本大震災ののち、四月から私はサバティカル期間に入り、ヨーロッパと中国・台湾・韓国に行く機会が多く、当時の日本の社会を外から眺めることが多かった。そんな中で書いたのがこの文章である。

災害という意味では、現在起こっている新型コロナウイルスによる新興感染症のパンデミックもそうかもしれない。そして、今回の方がより私の専門領域に近い。いま、感染の拡大を防ぐということで家に立て籠もってこの文章を書いているのだが（四月二七日）、そんな中でこの文章を読むと感慨も深い。

実は、東日本大震災と今回の新型コロナウイルスには一定の関係があると思っている。東日本大震災の前、二〇〇九年にも、日本は新型インフルエンザの流行を経験した。当時の新聞を見直してみると、マスクが不足しているし、また、現在と同じような医療をめぐる危機や差別などの問題も起こっている。そして、そうした経験をまとめて、『新型インフルエンザ（A/H1N1）対策総括会議報告書』が二〇一〇年六月に出されており、対策の問題点などが指摘されている。しかし、それを是正する暇のないままに、二〇一一年三月を迎えた。今回の公衆衛生的な対策を策定するための専門家会議の委員の一人もそのように発言している。

本年四月から、今度は内地留学の機会を得て、長崎大学熱帯医学研究所で一年間客員研究員となることになった。私がいない時には気をつけた方がいいなどと家で話題にしていたのだが、いささか後ろめたい気持ちにもなる。

この一〇年間ほどは、いったい日本の社会にとってどのような時間だったのか。大学の教員として社会の構成員であった以上、応分の責任を負う必要がある。それにしてもはたして日本はＯＥＣＤの構成員たりうるのか、を考えざるを得ない状況のように思える。人をつくる教育機関の一員として、ある程度の仕事をしたという気持ちと同時に、もっとこうすればよかったと思うことも多い。コロナ禍の中で、さまざまな課題もより明確になりつつあるように思われる。

六 「你是中国人吗（あなたは中国人ですか）？」

ヘルシンキで開催された国際経済史会議に出席するため、コペンハーゲン経由でヘルシンキに行った時のこと（二〇〇六年）。成田発コペンハーゲン行の飛行機が遅れ、コペンハーゲンで予定していた乗り継ぎ便に間に合わなかった。そのため、ヘルシンキに到着したのは夜中の一二時過ぎだった。空港からタクシーで予約してあったホテルに行くと、もう部屋がないとのこと。コペンハーゲンからメールを出して、必ず行くから部屋をとっておいてくれと頼んだにもかかわらずこの始末で、ほとほと疲れた。怒りだそうとしたが、その気力もない。ホテルが用意してくれた別のホテルにタクシーで向かった（近いと言ったわりには、猛スピードで三〇分はゆうにかかった）。ようやくホテルに到着したのは午前二時頃、長いフライトとトラブルでくたくただったのだが、時差ボケで寝れない。ヘルシンキの第一印象は最悪だった。もっとも、翌朝のホテルの朝食は豪勢で、また、そのホテルはフィンランディアで有名なシベリウスの生家の近くだったため、思いがけず、そのあたりを散策することができた。もう一度行ってみたいが、はたして実現するだろうか。

私が訪ねたその後一週間くらいして、当時の小泉純一郎首相がフィンランドを訪問し、この場所を訪ねたらしい。私は、ある研究プロジェクトが小泉首相の靖国参拝のためにうまくゆかなかった経験があり（正直に書きます、満洲医科大学の中国人学生の聴き取り調査で、パイロット的な聴き取りを進めていたが、調査対象の方々から、今はちょっと厳しいという連絡が入って中止になった）、それがとても印象に残っている。

コペンハーゲンには帰りにも一泊して、医学博物館に行った。というか、行ったら閉まっていて（開館曜日と時間だったにもかかわらず）、「そういう場合は電話をかけろ」と入口の扉に書いてあったので、電話をしたのだが、結局開けてもらえなかった。ともかく数々のトラブルが思い出される旅だった。

最も印象に残っているのは、コペンハーゲン駅で、「你是中国人吗（あなたは中国人ですか）？」と声をかけられ、とっさに「不是（違う）」と中国語で答えてしまったことである。私は嘘をついたわけではない、むしろ、珍しく正直に答えたのである。けれども、その受け答えを聞いた人物のなんとも訝しげな表情は忘れがたい。この事件のことは、授業で学生によく話す。このエピソードはいろいろな解釈ができるからである。欧米人をはじめ、ほとんどの外国人には、日本人と韓国人や中国人の区別はまずつかない。もっとも、私も、ドイツ人とフランス人やイタリア人の区別はつかない。しかし、東京でよくすれ違う、韓国人や中国人と日本人の区別はつく。何が違うのかと問われても正確に答えにくいのだが、なんとなくわかる。ある種の人たちには、ドイツ人とフランス人やイタリア人の区別がつくのかもしれない。もっとも、そんなふうに簡単に区分できる人たちがいればの話だが……。「不是」と聞いた彼がとっさに思ったのは、私を「独立派台湾人」と考えたという解釈である。おそらくはそう思ったに違いない。授業では、「中国と台湾の関係にひびを入れてしまった……」という形で、中国と台湾の微妙な関係に言及する。このあたりの意味をどこまで説明するかは、学生がどのくらいわかった表情をしているかによる。説明し始めるとなかなか終わらないが、普通は、次の話題で終わるようにしている。

ある時、オランダのスキポール空港で「お前はオランダ人か?」と聞かれたことがある。いくらなんでも、私のことをオランダ人はないだろうと思った。私は背も低いし、どう考えても無理筋である。それで、「え、どうして?」と尋ねるそぶりを見せると、どうもパスポートによるらしい。

当時、オランダのパスポートは赤の表紙だったらしく、それで、同じく赤い表紙のパスポートを持っていた私にそう質問したらしい。これは楽しい経験だった。そして、「肌の色とか、髪の毛の色と国籍は一致しない」ことがそれほど一般化しているのだということを実感した。それ以来、スキポールは好きな空港の一つである。あのなんとも無国籍なダイバーシティさがたまらない。

思えば、「日本人」とか「中国人」という言い方があまりにあふれているのが、中国や東アジアの現実である。ヨーロッパや米国に比べると、たしかに、「日本人」や「中国人」がたくさんいるのであろう。けれども、歴史学を学ぶこと、その研究と教育の一つの意味は、こうした言い方に潜む陥穽を示すことだと思う。固有名詞で人をとらえることができるかどうかがとても大切のように思えるからである。

おわりに

結果としてたいへん物騒なタイトルの本になってしまった。ある時期まで、「自分の専門を説明できません」というもの言いは「衒い」に過ぎなかった。しかし、言葉に出しているうちに本当になってしまった。言葉というものは恐ろしい。「本籍中国史、現住所不定」というノマド歴史家が現在の理念型である。

大学教員となってからかなりの時間が過ぎた。この間、中国に強い関心を抱いた原体験をへて、中国近現代史、「感染症の中国史」から医療社会史（感染症の歴史学）へと関心は大きく揺れ動いた。現在進めているのは、フィリピンにおける感染症の歴史、感染症をめぐる日本、中国、フィリピンの関係、そして、日本や中国によるアフリカへの医療協力の歴史である。

こうした中で、平均余命の推移も研究課題の一つである。戦争の連続だった二〇世紀半ばまでの日本人男性の平均寿命はおよそ四〇歳くらいだった。一九六〇年に生まれ、高度経済成長の恩恵を被り、大学や大学院で学ぶことが出来た私の世代の平均寿命（男性）は、現在、ほぼ八〇歳を超え倍になった。自分がいかに幸運な時代に生まれたかということを実感しつつ、還暦を迎える本年に（実感まだわかないが、時間の過ぎる速さの加速度に戸惑うことはある）、求められるままにその時々の印象を書いた文章を振り返り、付記として現在の感覚を記録しておくことも意味あることと感じている。

本書には、大きく三つの領域の文章を収めた。中国や東アジアの歴史研究に関わる文章、感染症の歴史学、そして授業で話していることに関係する文章である。問題関心の変遷については、私個人の中では十分に説明がつく。しかし、文章だけを読んだ方はあまりの飛躍に戸惑われることも多いと思うので、明らかな誤りを除き、初出の文章はもとのままとし、付記として後日談をつけ加えた。

「Yさんと中国の現代史」で書いているように、私は、中学生の頃から中国に関心を抱いていた。そのきっかけをつくってくださった社会科の先生には今でも感謝している。先生は私の書いたものを読んで、おりに触れてその感想を伝えて下さる。そこでは、必ず、「学生は有難い」と書いてあるのだが、現在、私もそうした気持ちになることが多い。

大学教員となってから、かなりの数の学生を社会に送り出した。その中の何人かは、歴史学の研究者となって、現在、私は日々こうした学生たちに助けられている。彼女彼らたちが、還暦の会を開いてくれるというので、かねてお声をかけていただいていた本書の刊行の準備を進めた。

多少の準備は進めていたのだが、二〇二〇年になって、コロナウイルスによる新型肺炎のパンデミックという予想外のことが起こり、たいへん忙しくなった。初めての経験でとまどうこともあったが、逆に、そうなってみると、ぜひこの仕事だけはきちんとしておきたいという気持ちになって、作業を進めた。ずっと家にいないといけないというノマド歴史家の日常に反する状況の中で、むしろ仕事が進んだ気もする。ひょっとすると、今回の新興感染症の流行がなければ、なんとなく先延ばしにしてしまったかもしれない。

こうした出版の機会を与えてくださった研文出版の山本實氏には、最初の本である『ペストと近代中国』以来、いろいろな企画を通じてたいへんお世話になっている。末尾になりましたが、あらためて山本氏と出版を支えて下さった研文出版の方々に深く感謝いたします。

二〇二〇年八月　パンデミックの中で　飯島　渉

飯島　渉（いいじま わたる）
1960年，埼玉県松伏町生まれ
青山学院大学文学部教授
主要論著『大国化する中国の歴史と向き合う』（編著，研文出版，2020年），『感染症と私たちの歴史・これから』（清水書院，2018年），『感染症の中国史』（中公新書，2009年），『中国近現代史研究のスタンダード』（共編著，研文出版，2005年），『マラリアと帝国─植民地医学と東アジアの広域秩序』（東京大学出版会，2005年），『ペストと近代中国──衛生の「制度化」と社会変容──』（研文出版，2000年），など

研文選書　130

「中国史」が亡びるとき
──地域史から医療史へ

2020年10月12日　初版第１刷印刷
2020年10月30日　初版第１刷発行
定価［本体2200円＋税］

著　　者　飯島　渉
発 行 者　山本　實
発 行 所　研文出版（山本書店出版部）
東京都千代田区神田神保町２－７
〒101-0051　TEL03-3261-9337
FAX03-3261-6276

印　　刷　富士リプロ㈱
カバー印刷　谷　島
製　　本　大口製本

ISBN978-4-87636-457-2